明日少年
创意学习书系

给小学生的科幻创意写作课

看，你写出的未来

YES, YOU CAN WRITE THE FUTURE

凌晨 ◎ 著

FUTURE EARLY YOUTH

北京理工大学出版社
BEIJING INSTITUTE OF TECHNOLOGY PRESS

图书在版编目（CIP）数据

看，你写出的未来：给小学生的科幻创意写作课 / 凌晨著 . -- 北京 : 北京理工大学出版社 , 2023.10
ISBN 978-7-5763-2810-3

Ⅰ . ①看… Ⅱ . ①凌… Ⅲ . ①作文课 – 小学 – 教学参考资料 Ⅳ . ① G624.243

中国国家版本馆 CIP 数据核字 (2023) 第 163448 号

责任编辑：时京京　　文案编辑：时京京
责任校对：刘亚男　　责任印制：施胜娟

出版发行 / 北京理工大学出版社有限责任公司
社　　址 / 北京市丰台区四合庄路 6 号
邮　　编 / 100070
电　　话 /（010）68944451（大众售后服务热线）
（010）68912824（大众售后服务热线）
网　　址 / http://www.bitpress.com.cn

版 印 次 / 2023 年 10 月第 1 版第 1 次印刷
印　　刷 / 三河市华骏印务包装有限公司
开　　本 / 787 mm × 1092 mm　1/16
印　　张 / 9.25
字　　数 / 162 千字
定　　价 / 39.80 元

前言

两年前，我出版了一本写作教程，名叫《创意写作七堂课——你也能写好一篇科幻小说》。这本书的创作目的，是给想尝试科幻写作的人提供一根“拐杖”，做一些入门级的辅助工作，比如告诉他们究竟什么才是科幻小说，科幻小说的主要类型有哪些，科幻小说的基本结构是什么等。我自觉已经写得很通俗，尽量避免高深的理论或者学术名词，让读者觉得写科幻小说门槛不是那么高，是可以通过努力迈过去的。

但这两年间，总结我这本教程的读者反馈，以及事实上我在中小学科幻讲座和教学的经验，我发现科幻小说写作即便是门槛不高，依然是有门槛的。这个门槛在于科幻本身。科学和幻想真不是想融合就能融合得起来的，再加上写小说本身也要有一定的能力，我所预期的教程对入门者的帮助，就被大大打了折扣。

如何将科幻小说的写作门槛再降低一些，让中小学生也能从这种文体的写作中获得益处和成长？这就有了《看，你写出的未来！——给小学生的科幻创意写作课》这本新的科幻写作辅导书。

这本书更多强调的是科幻创意，对小学生来说，要完成小说写作真是太难了。而创意，只是一点想法，可以没头没尾，可以天马行空，可以稀奇古怪……科幻创意，更多是拓宽学生的视野，让他们多了解科幻是怎么回事儿，科幻小说又是怎么回事儿，以及科学知识在这其中发挥了怎样重要的作用。

这本书和《看，你画出了未来——7 ~ 12 青少年科幻画实用教程》是什么关系？看名字就知道啊，是一个系列的。我的书教写，金霖辉老师的书教画。在这本书的最后，还有一个金霖辉老师设下的彩蛋，买了书就知道是什么了。

无论是书写还是绘画，科幻存在的目的都是让你眺望远方，关注未来——这样才能更好地活在当下，是不是这个理儿？

凌晨

2023 年秋

作者简介：

凌晨

中国科普作家协会理事，中国科幻研究中心特聘专家，科普与科幻小说作家。

代表作有长篇科幻小说《月球背面》，短篇小说《潜入贵阳》《天隼》等。多次获得中国科幻“银河奖”和“星云奖”。曾任中国科幻星云奖少儿作品组评委，中国科幻水滴奖小说组评委，“大白鲸”原创幻想儿童文学奖评委，中国科普科幻之星培育计划导师等，了解少儿科幻写作情况，并一直致力于科幻写作的推广和普及。

新手指南

作者凌晨说

本书不是写作教程。
不教孩子写作文。

但是——不会写作文的孩子可以看这本书。

对科幻小说写作来说，最重要的是科幻创意。
科幻创意与写作文没有关系。

本书教孩子怎样制造科幻创意。
有了科幻创意，科幻写作就不难了。

我是有 30 年科幻小说创作经验的作家。

我为本书配备的作品导师团，是 12 位进行过 10 年以上少儿科幻创作的作家。每位作家都有获奖作品。

我保证，发往书中指定电子邮箱的每篇作品，都会得到导师团的指导，优秀的作品还会有在杂志上发表和出版的机会。

现在，读到这页的你，如果是家长，就把书交给孩子阅读。
欢迎你和他 / 她一起读，并且热烈讨论。

如果你就是孩子，不用犹豫，赶紧翻页！

读书有意思。读这本书，有特别的意思！

问题

什么是
科幻小说？

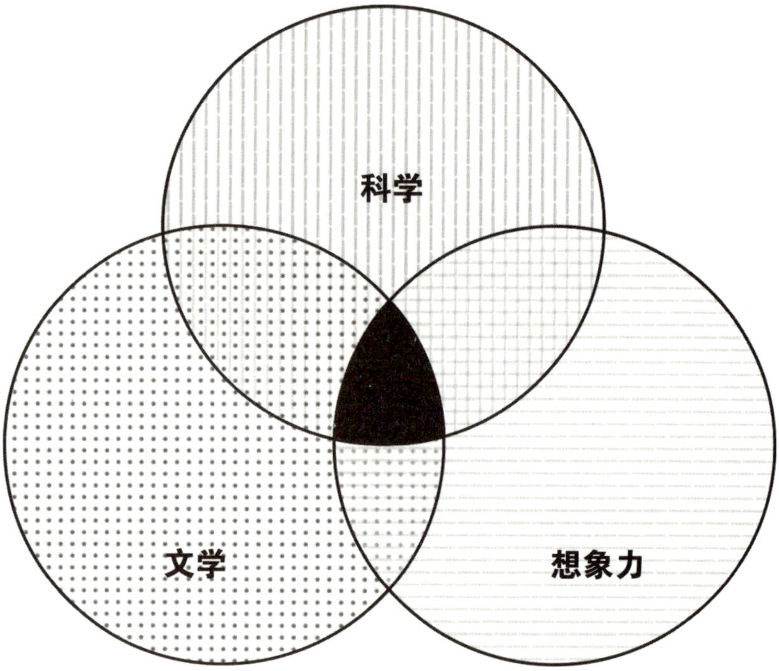

积极向上的竖条纹代表科学，无限遐想的横条纹代表想象力，充满浪漫的小斑点代表文学。它们三者之间的交界，是宛如黑洞般的黑色，充满未知，便是属于未来的科学幻想小说。

定义

科幻小说就是以科学（发明、发现、科学思维和思想等）为出发点，展现丰富想象力的文学。

科幻小说描述可能发生的事情。

对神秘的事物

对未知的事物

对未来的事物

所进行的文学解读

例

下文节选自日本科幻小说作家星新一的微型科幻小说《有人情味的机器人》。

已是中年的资本家R先生前来拜访年轻的学者F博士。短暂的闲谈过后，R先生说："机器人固然挺好，可是总令人不太满意。"F博士反问他："究竟哪一点使您不满意呢？作为这方面的学者，我很想了解一下，今后可以参考。"

"简要地说就是没趣儿。机器人对工作确实勤恳，用起来也很方便。但是，不管你命令他干什么，它总是回答：'是，明白了。'照章办事。准确而机械地干完了事。我知道对这项科研成果理应表示感谢，但是总觉得有些无聊。"

> 机器人的设定，属于**科学**干的活。

F博士虽然也想反驳，告诉他不要苛求，但还是点头表示理解，说道："我明白你的意思，我早就预计到将来将会有许多人提出这样的意见。"

"我真没想到能从机器人学者口中听到这样的话。你这样说，一定是正在研究什么解决的办法吧？"

"是的。说真的，就在前不久，我试制了新的机器人。然后，让他出去学习人生去了。"

> 机器人还要向人类学习，**想象力**开启了。

"你说是出去学习？让机器人出去学习这类话，真是闻所未闻。这是怎么回事？"

R先生稍微有点惊讶，瞪圆了眼睛。F博士做了说明。

> 开始讲故事了，**文学**上场。

关于本书这样读

为了你能够顺利写出一篇不错的科幻小说，书中设立了5个传送点，带你到5个不同的科幻宇宙漫游，了解科幻小说的写作方法。

漫游中，你会遇到很多打卡点。每个打卡点都有一个问题。这些问题多种多样，将帮助你积累越来越多的体验，最终完成你的漫游旅程。问题的答案就在问题附近， 很好找哦。

陪伴者

它们将陪伴你在科幻宇宙中溜达，阅读、思考和创作；并及时将你从科幻宇宙中拉出，回到现实宇宙，打卡做任务！

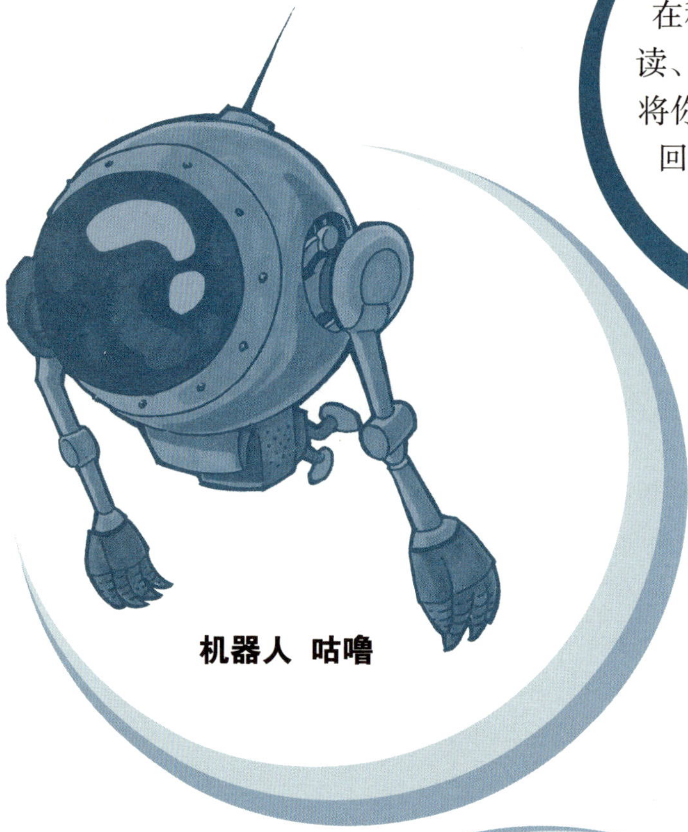

机器人 咕噜

机械鹦鹉 还行

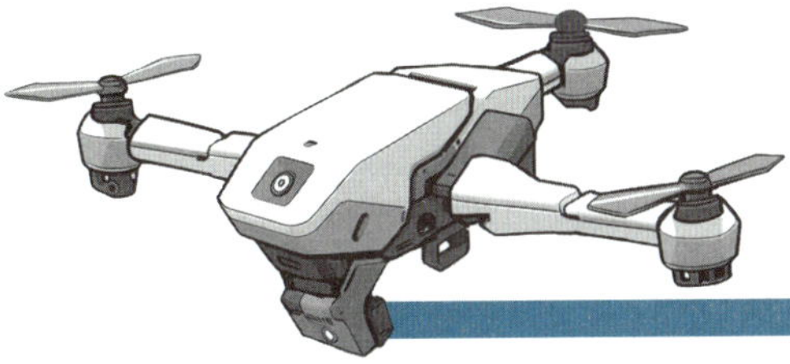

目录

CONTENTS

目录

CONTENTS

第一科幻宇宙

传送点

拉开距离

传送地

奇观城

进城密码

极端

准备变形

如何开始你的科幻小说呢？
就从离你最近的“拉开距离”传送点开始。

怎样才是“拉开距离”？

1 米还是 2 米，还是 200 米？

200 米拉开的是空间距离。对于整个大自然，这是非常微小的距离，还不足够发生令人惊奇的事情。

2

但如果，你和你的同学，因为某种神秘的科技力量，两人之间的距离从同桌之间的 0.28 米变成了 2 300 万光年，仅仅这个距离本身就有很多故事可以写了。

因为，在距离地球 2 300 万光年的地方，有一颗行星，编号为 M51–ULS–1b。这颗行星是目前人类已知的距离地球最远的行星，它远到已经不在银河系中，属于银河系外的 M51 星系。

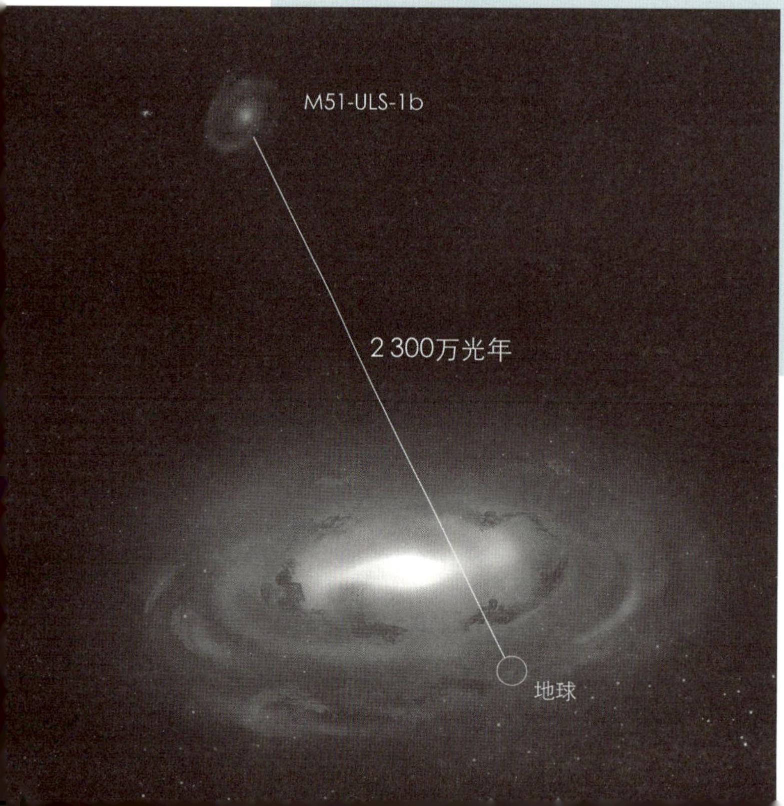

星系与地球

可以拉开的，还有其他很多种距离。

时间距离

你和你的同学，在2024年6月21日上午9点10分排队走进教室，你进入教室时是9点11分，他却进入了6月22日上午9点11分的教室。你们之间仅仅相差了一天，却再也不能相见。

身高距离

你和你的同学，本来都是156厘米，现在你突然缩小了，变成只有5.6厘米，甚至还不如一颗苹果高，你的同学把你放在铅笔盒里带回了家。

维度距离

因为某种邪恶的外来力量，在教室的墙壁上出现一个通往四维空间的黑洞，你勇敢地走了进去，但却从此身处四维之中，走不出来了。

…… ……

时间距离、身高距离、维度距离等，无限多可能。

拉开距离之后，我们的世界将充满种种不可思议。不信，我们就去奇观城看看，领略拉开距离到极端之后，你身上所发生的改变，在脑海深处，释放你神奇的想象力。

第一关
变形试验：圆

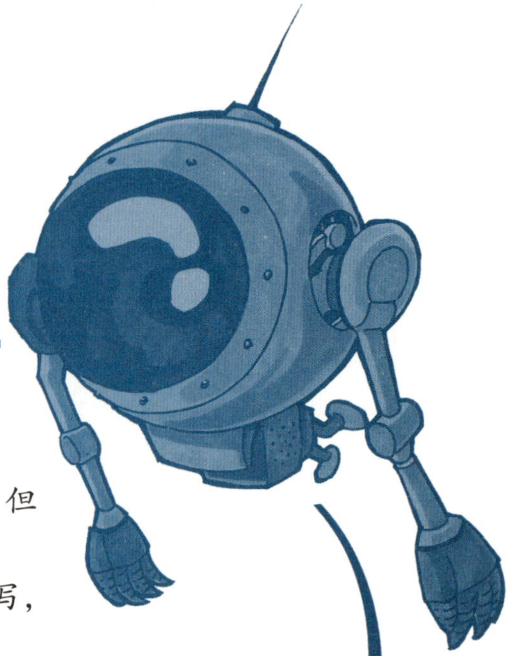

咕噜：变形听上去好简单，但是……故事，我怎么写呢？

还行：哎，你真是一听就会，一写，呵呵，就废！

咕噜：你会，那你来写！

还行：小子，你以为我不会！我要不是因为敲键盘费劲，早就成科幻作家了。

咕噜：那你说怎么办？

还行：嗯，那就从圆开始练习吧。

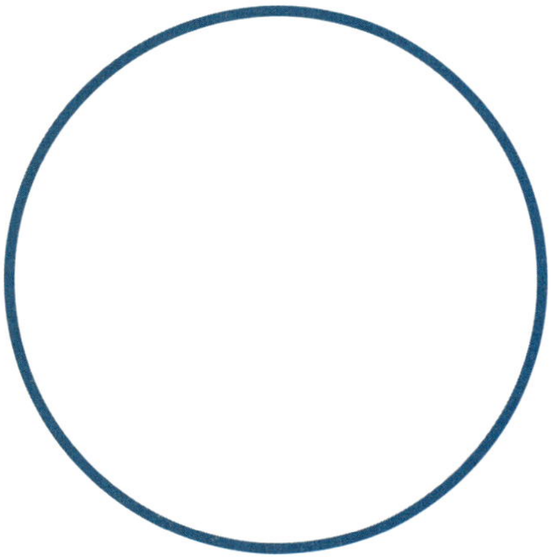

圆形

这个形状是大家都很熟悉的圆形。生活中圆形随处可见。圆形的盘子、瓶盖、下水井盖子，还有车轮、方向盘、象棋、硬币……

圆形怎么能科幻呢？

剪一个圆形的纸片，把这个纸片沿中心轴转动一圈，它扫过的空间就成了一个球形。球，有乒乓球、足球、篮球……还有弹球等等各种球。

我们常见的还有什么球？

地球和月球，目前我们观察到的大部分星星，包括太阳，都是圆球。

这就有了一个问题：为什么大部分星星都是球状？

知识能量块

决定星星形状的是两种力！引力和表面张力。

引力就是物体和物体之间的吸引力，自然界的基础力量之一！引力只和质量有关系。地球的质量非常大，所以有强大的引力，将我们和万物牢牢束缚在地面上。

表面张力则是物体表面各部分间相互吸引的力。这个力拉着物体的表面不让扩大。气体和液体的表面张力表现得比较明显。清晨叶片上的露珠、水龙头中掉落的水滴，都是因为有表面张力。

回答

因此，太阳和地球都是球形的。宇宙中还有很多小行星自身引力太小，不足以产生大的表面张力，就长得奇形怪状。比如火星就有两颗这样的卫星，因为长得太丑，被称为“土豆卫星”。

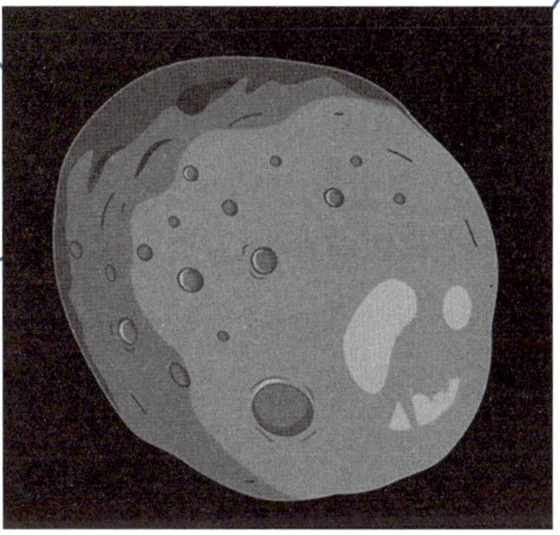

火星的卫星之一火卫一

咕噜：有了，我有故事了！

还行：快说，快说！

咕噜：我发明一种仪器，把小行星修理成球形。比如这颗土豆火卫一，我把它修成珍珠火卫一。

咕噜修理火卫一的想法很有意思。想法是科幻小说的灵魂，称之为创意。创意要新、奇、不可思议，那么科幻的幻想性就十分充足。

不过，科幻的幻想性和科学性是都要有的。科学性用来保证幻想性能否实现，幻想要有逻辑，也得考虑能不能做到，这就是可行性。

咕噜修理火卫一的创意能不能实现呢？那要从下面几个角度来考虑。

专家用语

①技术上能不能操作。
②经济上能不能承受。
③这么做有没有意义。

大白话

①有工具能做这件事吗？
②要花多少钱，这笔钱从哪儿来？
③只对做事的人有好处还是对大家都有好处？

说到人，这世上有四种人。

雷锋型 做事不求自己能得好处，只要能为大众服务，为大众谋利益。	**秦桧型** 做事损人利己，只要自己能得到好处，可以损害其他人的利益，甚至诬陷他人。
阴损型 做事损人不利己。伤人 1 000 自损 800。	**无聊型** 做事凭冲动，完全不考虑对别人的损害或者帮助。

小作者们，你们打算在故事中写什么样的人呢？

尽管你们年龄小，但我相信你们也能立刻做出正确的判断是不是？

对，即便是在科幻小说里，也要去写第一种人！要写第一种人做了什么好事。

那写其他三种类型的人行不行？行！但要批判性地写，揭露他们的行为，让他们不管费多少心机做事，最后都要遭遇失败。

在刘慈欣的《圆圆的肥皂泡》中，就有一位雷锋型的科学家，他为缺水城市出谋划策，最终受肥皂泡启发，找到了增水办法！

经典作品

《圆圆的肥皂泡》［中］刘慈欣

故事

圆圆是个喜欢吹肥皂泡的小姑娘。圆圆的父母把大西北看作实现人生价值的地方。妈妈为了绿化沙漠牺牲了。父母用青春和梦想建设的丝路市，即将因缺水而消失。圆圆在大学攻读纳米技术，为了给爸爸制作生日礼物，她吹出了巨大的泡泡，却因意外把整个城市扣住了。城市空气急剧恶化，最后还是圆圆想出了用火烧的办法，才使泡泡破裂。圆圆闯了大祸，爸爸却没有生气，反而受到启发，想出用泡泡为大西北输送水汽的方法。经过10年建设，人们终于让泡泡携带着大海的湿润空气来到丝路市上空，降下大雨，一举解决了困扰丝路市多年的缺水问题。

节选

“天啊，怎么这么多的月亮！！”

圆圆睁开眼，真的在夜空中看到了一条月亮河！那无数个月亮是由无数个巨型气泡映出的，与真月亮不同，它们都是弯月，有上弦的也有下弦的，每个都是那么晶莹剔透。真正的月亮倒显得平淡无奇了，只有根据其静止状态才能从浩浩荡荡流过长空的月亮河中将它分辨出来。

从此，大西北的天空成了梦的天空。

白天，空中的气泡看不太清楚，只是蓝天上到处出现泡壁的反光，整个天空像阳光下泛起涟漪的湖面，大地上缓缓运行着气泡巨大而清晰的影子。最壮丽的时刻是在清晨和黄昏，当地平线上的朝阳或夕阳将天空中的气泡大河镀上灿烂的金色时。

这篇科幻小说具有缜密的科学性。例如飞机播种植树，并不是简单将种子空投下去，而是用“冰炸弹”包裹树种，既能在落地时扎入沙土中，融化的冰又能为树种提供水分，增加其成活率。在关于泡泡科学原理的讲述中，无论是形成更大的泡泡，还是使泡泡尽快破裂，液体黏度、延展性、蒸发率和表面张力等都符合科学原理。

在科学基础上，作者展开科学合理的幻想，想象出超级表面活性剂“飞液”，使能扣住整个城市的大泡泡成为可能。

咕噜的脸是一个圆，圆的周长与直径的比值，叫作（　　），用希腊字母（　　）表示。实际应用中，一般取值（　　）。

1 过关打卡点

答案 圆周率，π，3.14

第二关
变形计 放大

还行：如果你突然变成一个巨人，你会有什么感觉？

咕噜：那这房屋街道汽车还不都跟玩具似的，我一个指头就能毁灭了！

还行：哈哈，看看经典作品怎么写。

身高对于我们来说是一个重要的话题，它不仅关乎外貌美观，还对职业和健康有着实际的影响。一个人身材高大，会给人留下自信大方的印象，也有助于在社交和职业场上取得成功。身高也是一些特定职业选择的必备条件，如篮球运动员等。

我们都希望自己长高，但如果身高突破了正常人的范围，那就成了“巨人”。相信你一定幻想过，如果自己长成巨人，会发生怎样的事。

巨人作为文学作品中的重要形象，通常都有超过普通人的体型和力量。在作家笔下，他们鲜明生动、栩栩如生的形象，赢得了读者的喜爱。

在英国作家乔纳森·斯威夫特的名著《格列佛游记》中，就有“小人国”“大人国”。普通身高的格列佛，相对于小人国的人，就是巨人了。小人国的战船，在他面前就跟玩具一样。而当格列佛来到大人国，则成了巨人们眼里小巧玲珑的宠物，巨人国里的老鼠和小鸟，在他眼里也成了恐怖的巨型怪兽。

《格列佛游记》的插图

如果我们真长成了巨人，会有哪些好处和坏处呢？

经典作品

《神食》 [英] H.G. 威尔斯

故事：

两位英国科学家本辛顿与雷德伍德发明了“神食”，吃了这种食物的生物不但能加速生长并且变得十分巨大。本辛顿用鸡作试验品，而雷德伍德则用在了自己儿子身上。果然，鸡长成了庞然大物，连养鸡场附近的野草、黄蜂和老鼠等也变得巨大。黄蜂蜇死了人，老鼠咬死了马。雷德伍德的儿子也长成了巨人。越来越多的婴儿吃了“神食”，巨人的数量迅速扩大。巨人们受到排挤和攻击，在雷德伍德的儿子率领下，与国王的军队爆发了战争。雷德伍德被派去与儿子谈判，希望巨人们离开英国，不再制造“神食”，不繁衍后代，直到自然死亡。巨人们决定反抗到底。

节选

（在小说结尾，雷德伍德的儿子对巨人们说）

“通过我们和小小的人们，生命在观察和学习。它一定要通过我们的诞生和语言行动，进到更伟大的生命阶段。地球不是栖息的处所；地球不是游戏场，不然，我们就不能有比小人们更大的生存权利，就只能引颈去适小人们的屠刀，而他们也就应该屈服于蚂蚁和虫豸。我们并不是为自己而战，而是为着长大——永远不停顿地长大。明天，无论我们是死是活，生长都将通过我们而战胜。这是生命的永恒法则。照上帝的意旨生长吧！超出这些隙缝和洞穴，超出这些阴影和黑暗，长入伟大与光明！再大些，”他从容不迫地说，“再大些，我的弟兄们！之后，还要更大。长吧——再长吧。最后一直长到能与上帝媲美和理解上帝。长吧。直到地球变成个小板凳。直到生命将恐惧消灭干净，伸展开去。”

他的手臂挥向苍穹：“向着那边。”

他的声音停住了。一道炽烈的探照灯白光挥过，照亮了他。他巍然耸立着，巨手直指上苍。

一时之间，只见他遍体辉煌，无畏地探望着星光灿烂的无垠空间，他全身披挂着铁甲，年轻，强壮，意志坚定，凝然不动。后来，灯光掠过，衬着群星密布的天空，他成了一个庞大的黑影——这黑影以其有力的手势威胁着苍天，连同那上面无数的小星星。

这是《神食》小说的结尾。因吃了科学家研制的“神食”而长成巨人的孩子们，虽然被常人视为威胁，最终爆发了战争。但他们对未来充满了希望。科幻小说不仅仅是反映科学技术未来对人类的影响，还要能想象人类的精神状态，他们应该是积极向上、充满力量，人类才会有繁荣的未来。

如何构思故事

强大的巨人，如果做好事，会怎么样？做坏事又会怎么样？

做好事，可以帮助普通人抵抗侵略、消灭灾难。做坏事，会造成比普通人大得多的损害。

普通人既想利用巨人做好事，又害怕他做坏事，这矛盾不就制造出来了吗？故事不就有了吗？

大人要和小人和平相处，可不是件容易的事情。因为人类对那些比自己更强大的人或动物，本能地感到恐惧，尤其是他们的智力并不比自己低，力量却更强大的人。

人类历史上，许多种大型猛兽都因人类而灭绝，人类的近亲，如尼安德特人，因与现代人类的祖先处于同一生态位，在生存竞争中也走向了灭绝。

在《神食》中，把生物变大的是药物，可那也必须是从小孩开始，慢慢地长大。但是我们又遇到了“巨人症”类的问题，因为地球引力，这样的巨人会变得容易骨折，很脆弱。

这个问题怎么解决？

搬家。

去一个重力很小的星球。

比如火星的重力大约只有地球的2/5，月球的重力大约只有地球的1/6。也就是说，在火星上，当你的体重是现在的2.5倍时，或者在月球上，当你的体重是现在的6倍时，你才会感觉和没有变大之前的你在地球上一样重。

还行把一个等腰直角三角形的三个边都放大了10倍，三角形面积放大了（　）倍，三个角的度数是原来的（　）倍，分别是(　)°、(　)°、(　)°。

2 过关打卡点

这样的设定符合科学，接下来你就可以写有趣的故事了。

知识能量块

巨人存在吗？

我们人类的身高，由遗传因素和环境因素决定。

父母拥有高个子的遗传基因，孩子长高个的可能性就越大。

环境因素主要是营养，需要在生长时期能得到充足均衡的营养。适当的运动和充足的睡眠，也有益于长高。

世界上真的有巨人吗？人类有记载以来最高的人名叫罗伯特·潘兴·瓦德罗，身高2.72米。但他长那么高的原因是得了“巨人症”——脑下垂体长了肿瘤。

如果将一个人等比例变大，当他的身高增加到原来的2倍时，体重会增加到原来的8倍，而他的四肢只会比原先粗4倍。

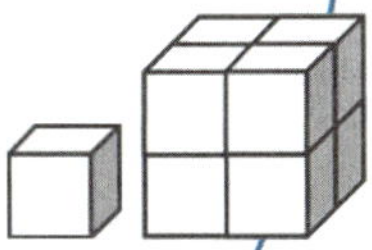

例如一个立方体，边长为1 cm，现在将它的高变成2 cm，等比例放大后，它的长和宽也变成了2 cm。它的体积从1 cm^3 变成了8 cm^3。它的横截面从1 cm^2 变成了4 cm^2。现在我们在两个正方体的底面取同样1 cm^2 的横截面，会发现立方体变大后，横截面需要承受的重量增加了1倍。

现在我们把立方体换成张小明，他的身高等比例放大后，肢体横截面受到的体重也会增加。如果增加得少，可以通过增强骨骼和肌肉的力量，使人变得更强壮，如篮球运动员。而增强得太多，比如巨人症患者，骨骼将承受不住体重，很容易发生骨折。

所以，我们想象中那种特别高而又强壮的巨人并不存在。

思考：
如果让巨人合理地存在？

答案
100，1，90，45，45

第三关 变形计 缩小

咕噜：长大太恐怖了，我还是变小点可爱。
还行：那你可要小心，别卡在地板缝里出不来。
咕噜：哼！我要变得更小，钻进你肚子里闹腾。

大家肯定都知道童话《拇指姑娘》。科幻作家杨鹏的系列科幻小说《装在口袋里的爸爸》中，就讲述了杨歌同学原本身高一米八的爸爸，变成了一个拇指大的小人儿，每天都装在杨歌的上衣口袋里，跟着他一起上学。爸爸高大的身份和他微小的身高成了对比，造成了非常多戏剧化的情节。比如爸爸力气太小，敲键盘敲不动，只能在按键上跳。比如家中水龙头忘了关，爸爸力量太小关不上，只好以拖鞋当船、勺子当桨，逃离水灾。

知识能量块

可能有矮人吗？

目前，地球上还没有找到自然生存的巨人，但却真的存在矮人。俾格米人和布须曼人的身材都十分矮小。造成他们矮小身材的原因，至今都没有定论。

生活在非洲中部的俾格米人，成年人平均身高 1.30 米到 1.40 米，头大腿短，皮肤暗黑，鼻宽唇薄，体毛发达，依靠狩猎采集为生。

布须曼人在非洲南部丛林中生活。最高的女人只有 1.38 米左右，男人最高也不超过 1.60 米。他们有着黄里透红的皮肤，高高的颧骨，浓密卷曲呈颗粒状的头发，以捕猎动物和采集植物果实为生。

还有一种疾病叫作侏儒症。得了这种病的人，再也长不高了。即便是成年后，有了一张大人的脸，他们的身体依然是小孩的样子。

人变小了也不一定就都是坏事，在刘慈欣的科幻小说《微纪元》中就分析了“好”的可能。

经典作品

《微纪元》［中］刘慈欣

故事：

为应对太阳即将发生的灾变，人类发射了接近光速飞行的恒星际飞船，去寻找宜居星球，结果失败了。飞船上唯一幸存的乘员“先行者”带着遗憾返回太阳系，灾难已经发生，地球表面一片荒芜。

“先行者”以为人类已经灭绝，却发现了微型的人类城市。原来人类利用基因工程和纳米技术，将自身缩小到只有细胞大小的微人。与之相比的原人类就是宏人。微人掌握了宏人的知识和文化，发展起十分先进的技术文明，因此在地下城市中躲过了地面上的大灾难，并在灾难结束后返回地面建立起了新世界。比较宏人，微人对资源的消耗却减少了几亿倍。

节选

先行者从贮藏舱拿出一听午餐肉罐头，打开后，他用小刀小心地剜下一小块，放到控制台上那一万多人的旁边，他能看到他们所在的位置，那是控制台上一小块比硬币大些的圆形区域，那区域只是光滑度比周围差些，像在上面呵了口气一样。

“怎么拿出这么多？这太浪费了！”地球领袖指责道，从面前的大屏幕上可以看到，在她身后，人们拥向一座巍峨的肉山，从那粉红色的山体里抓出一块块肉来大吃着。再看看控制台上，那小块肉丝毫不见减少。

…… ……

知识能量块

人缩小后会怎样？

假如你缩小到老鼠的大小，作为恒温动物，你会面临热量流失的危险。为了保持体温，你的器官会超负荷运行，你的心跳会变得非常快。你还需要不停吃东西，每天吃掉体重 2 倍的食物，才能维持生存。

和老鼠并肩的小孩

假如你缩小到昆虫大小，将成为大力士，像蚂蚁那样举起自身体重 400 倍的物体。你还可以在墙上和天花板上飞檐走壁，因为你与墙面之间会因为分子的作用力产生极强的附着力。但糟糕的是，由于你的体型太小，大脑无法再拥有足够数量的神经元，你再也不能像人一样思考了。

第四关 控制时间的流速

咕噜：我不想变大也不想变小，我想，哈哈，变成大人，就不用上学了！

还行（汗）：我想打你屁屁。

咕噜：你又打不过我。

还行：回到你小时候就能打过你了啊。

把时间当作一个变量后，时间就成为科幻作家手中最有法力的魔杖。

这根魔杖作用下：你和你的同学虽然排队走进教室。但因为时间出了问题，你和他进入教室的时间却差了整整一天，你们再也不能相见。

时间出了什么问题？你和同学再也见不到会给你或者他带来什么麻烦吗？把这些问号一一解决，你就能得到一个精彩的故事构思。

在神话传说中，有“天上一日，人间一年”和“洞中方一日，世上已千年”的说法。时间旅行一直是人类的梦想。我们渴望回到过去，见到逝去的亲人，改正犯过的错误；也想前往未来，看看未来的人类是怎样生活的。

1985 年，英国科幻作家赫伯特·乔治·威尔斯创作出了第一部以时间为主题的科幻小说《时间机器》。小说中，主人公驾驶一台很像小汽车的时间机器，前往八十万年之后的未来，考察那时候的人类社会。

时间旅行，是科幻小说中最常见的主题之一。

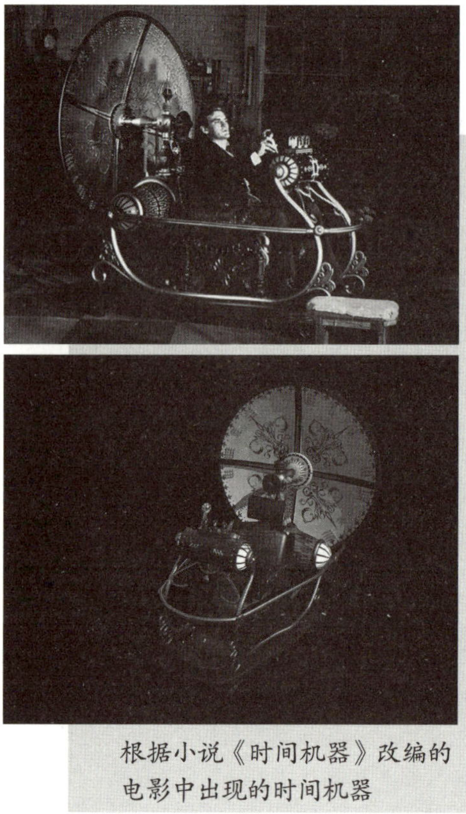

根据小说《时间机器》改编的电影中出现的时间机器

经典作品

《异域》 [中] 何夕

随着地球人口增长，为了满足超负荷的食物需求，人们建造了一座西麦农场。农场每隔十几分钟就会向外界输送一批食物，二十年来从不间断。有了充足的食物，地球人口增长到 500 亿。有一天，西麦农场没有正常向外界输送食物。应急小组进入农场查找事故原因。他们看到里面的玉米像树林一样，收割机器人停止了运转，指挥部中发现打斗痕迹，电脑的时间是 917402 年。原来西麦农场中的时间被加速了，远远快于外界，10 分钟就相当于外面的一年。因此外界的 20 年在西麦农场中是 90 多万年，农场中的动物发生了进化，威胁到了人类的安全。

关键词：加速时间

科学根据： 作家在小说中虚构了一个科学理论，即通过把一块区域的时间加速，另一块区域的时间减速，两块区域包含的物质数量是一样的，保持了整个时间系统的守恒。

后果： 因此在被加速了时间的西麦农场之外，就有了一块时间完全停滞的地方。

科幻小说中的科学根据，可以在现实我们掌握的科技基础上虚构，但要能自圆其说，即自洽。

开脑洞：时间旅行的技术

相对论能做到：

1905 年，爱因斯坦的相对论横空出世，使时间旅行的想象有了科学依据。相对论告诉我们：当一个物体的运动速度接近光速时，它的时间会明显变慢；当一个物体处于引力场时，它的时间也会明显变慢。

如果咕噜坐在一艘接近光速的飞船中，而还行待在地球上不动，咕噜只过了几个小时，还行可能已经过了好几年。再比如，咕噜来到黑洞附近的强引力场中，他过了几小时，还行在远离黑洞的地方也可能已经过了几年。当咕噜回来时，已经来到了未来世界，相当于进行了时间旅行。

相对论改变时间的流速，可以达到未来，并不能让我们返回过去。

虫洞能做到：

通过虫洞就可以到达不同的时空，也许可以返回过去。虫洞不是菜叶子上被虫子咬的洞，而是连接两个不同时空的隧道。假如在你的家和学校之间有一条虫洞相连，你上学时只要一步跨进去，就到学校了。虫洞能连接遥远的空间，也能连接不同的时间，因为时空是一体的。不过目前人类并没有在宇宙中观测到天然虫洞的存在，也没有能力制造一个虫洞。

时间旅行的本质是离开现在，前往过去或未来。它与我们生活的时空有着千丝万缕的因果关系，对过去的干涉可能改变现在，现在做的事情也会影响未来。

科幻小说中的时间旅行为什么会成为一个热门题材？

我们能感受到的时间是单向的，做错的事情没有后悔药，逝去的亲人永远不能相见。而时间旅行，可以让我们弥补过去的遗憾，提前看到遥远的未来。这就是时间旅行永恒的魅力。

怎样写一篇讲时间旅行的科幻小说？

你需要列一个流程图。下图中列出了 A 、B、C 三条时间旅行的流程图，选择其中一条，填入你的想法。

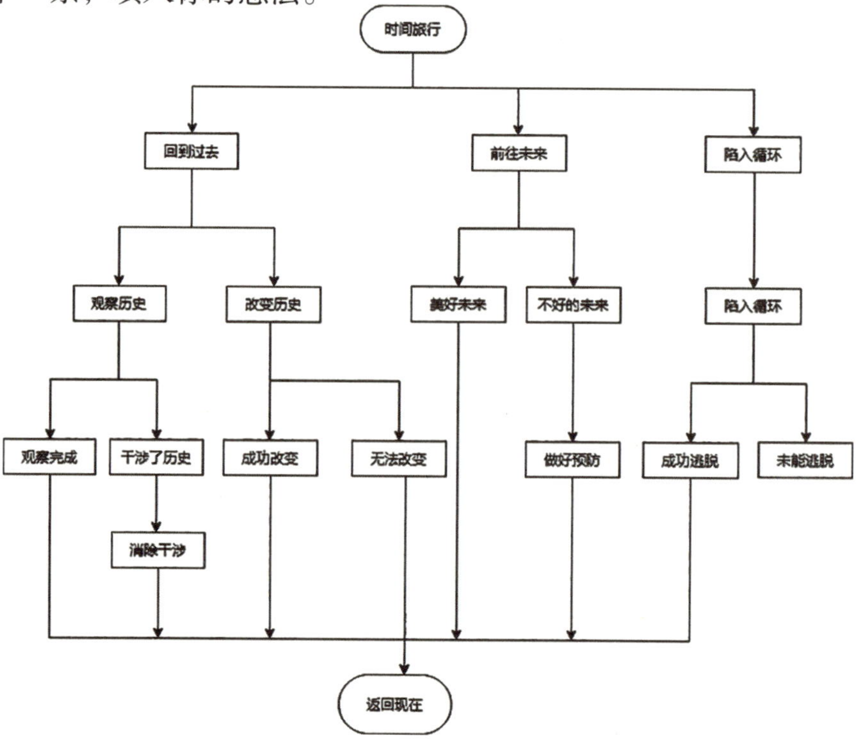

对时间旅行者的警告

红色警告 1

时间旅行可能遇到的问题	情况说明	解决方法
外祖母悖论	假如你不小心在你母亲出生前杀死了你的外祖母，你母亲就不可能出生，你也不可能出生。那么你就不可能回到过去杀死你的外祖母。	一定要小心，千万不能对你的直系祖先造成伤害。
扰乱历史	假如你回到恐龙时代，阻止了小行星撞击地球，恐龙可能就不会灭绝，人类文明也不可能诞生。	不要做干涉历史的事。
掉进外太空	时间改变了，地球也不会在原来的位置了。	要准备一件宇航服，一艘能返回地球的飞船。
无法返回	时间机器故障、能量不足等原因导致无法返回现在。	修复机器、寻找能源。留在过去，学会适应。
平行宇宙论	你回到过去，想要改变历史，会分裂出一条新时间线，你改变的只是新时间线的历史，原有的并未改变。	放弃改变，或在新的时间线中过新的生活。
宿命论	例如：你朋友在 3 年前因意外死亡，你回到 3 年前想救他，结果发现正是你的行为导致了他的死亡。	接受宿命。

红色警告 2

在许多“穿越”作品中，主人以被车撞了一下、头被磕了一下，甚至做个梦就能穿越到古代，这些设定都不能算时间旅行，也不能算科幻作品。科幻作品一定要有坚实的科学理论为基础，即使这套科学理论是虚构的，也要能自圆其说。

第五关
制造空间扭曲

咕噜：时间旅行感觉好有趣，我想驾驶时间机器去侏罗纪看恐龙。

还行：那你可得设定好地点。

咕噜：地点不变啊，我还来这个地方。

还行：地球在自转，同时还绕太阳公转。太阳在绕银河系中心公转，银河系也在运动。等你到了侏罗纪，地球肯定不在原来的地方了，直接把你扔到外太空。

咕噜（惊恐）：啊！

还行：时间和空间是一体的，叫作时空，不能割裂开哟。

知识能量块

时空

物体存在、运动的场所，称为空间。由长、宽、高三个维度构成的空间，称为三维空间，时间是第四维，合称“四维时空”。

时间和空间是不能割裂的整体。在引力场中，时间会变慢，其实更准确的说法是，物体的质量使时空弯曲，表现为引力。时间可以变慢，空间也会收缩、膨胀。

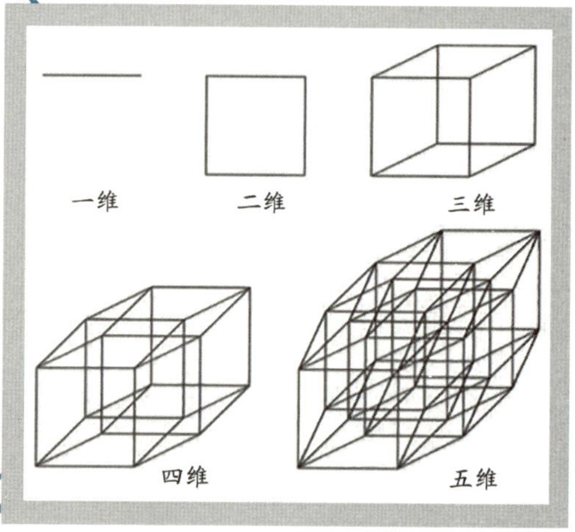

一维到五维空间示意图

经典作品

《三体》 [中] 刘慈欣

在刘慈欣长篇科幻小说《三体》第3部中，外星人使用二向箔，使三维空间变成了二维空间，把运行中的太阳系降维，变成了二维中的一张没有厚度的画。

节选

他们再次细看这幅望远镜头拍摄的全息图像，二维地球的主体拍得很清晰，上面的“年轮”比肉眼看时更加细密，可能跌落已经完成，二维地球正在暗下来。令他们震惊的是冰冻的二维海洋在最外侧环绕二维地球的白色冰环，他们可以清晰地分辨出组成冰环的颗粒，那竟是雪花！大得难以想象的雪花，不会是别的东西，它们都呈规则的六边形，但晶枝的形状各异，晶莹剔透，精美绝伦。在五十个天文单位远处看到雪花本来就有一种强烈的不真实感，而这些超巨型的雪花还在平面上平行排列，绝无重叠，更加剧了这种不真实，这似乎是一种对雪花完全图案化的艺术表现，具有强烈的装饰效果，使得冰冻的二维海洋看上去像一件舞台艺术品。

在英国老牌科幻电视剧《神秘博士》中，主人公的交通工具叫TARDIS，它的外形是20世纪50年代英国电话亭的样子，通过跨越时间与空间的维度，能够到达任何时间与空间。

实战

现在，让我们从眼前开始，从身边开始，创作一篇关于空间扭曲的科幻小说。

题目：《门外》

当你打开教室门时，熟悉的走廊和校园全都不见了。那么你希望门外是什么？

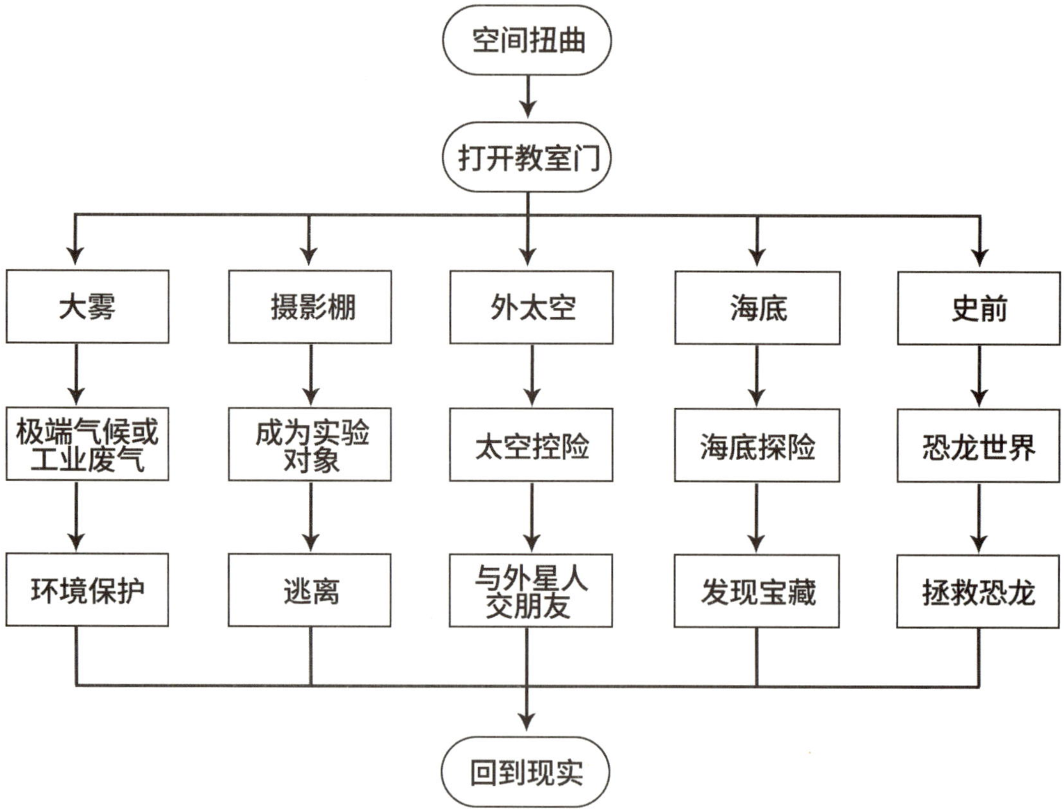

平行世界：解决一切空间问题

平行世界的设定解释：平行世界可以平行，也可以像“俄罗斯套娃”一样多层嵌套，空间自身可能发生断裂、扭曲，击穿；平行世界可能会和本世界撞击、融合，可能会出现什么样的后果？

3 过关打卡点

现在，你可以根据思维导图来写故事了。

发送到电子信箱：kehuanlianxi2023@126.com

题目：《镜中人》

早上照镜子，发现镜子中的自己有些不同，镜中竟然有个平行世界和一个一模一样的自己。我进入这个世界后，发现平行世界有什么不同？会发生什么有趣的故事？平行世界中的“我”来到我的世界会怎样？想象这些不同，写一个400字的故事。

思维导图：下面列出了镜中人和“我”可能的不同之处，给大家做参考。

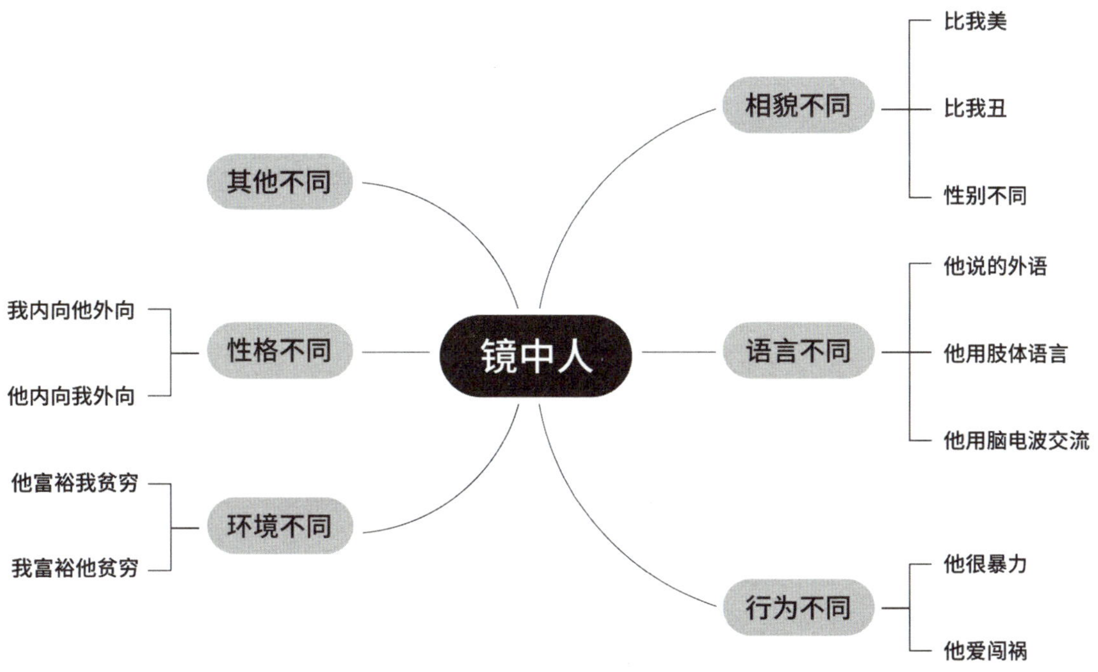

在奇观城的第一个传送点，大家领略到科幻小说创作的第一步是“拉开距离”，这是制造科幻小说中“奇观”氛围的出发点。可以拉开的距离不仅仅是我们常见的长度，比如我们的身高，还可以是时间、空间乃至万物之间。

拉开距离进入了科幻小说的世界后，需要角色才能构成故事，这个角色可不一定是人哦。让我们进入第二个传送点“遭遇非人”，看看科幻小说中的各种角色。

第二科幻宇宙

名称
遭遇非人

传送地
角色屋
进城密码
我是谁

形形色色的人物

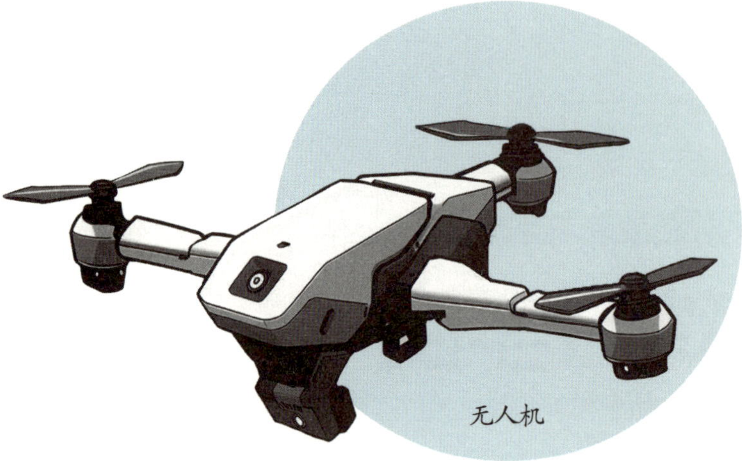
无人机

人物≠人

传统小说需要三个必不可少的要素：时间、地点、人物。然后才能讲述小说的情节。

在科幻构想的奇观世界中，人物却并不一定是人。

无人机、扫地机器人，它们是机器，却被我们统一称为机器“人”。

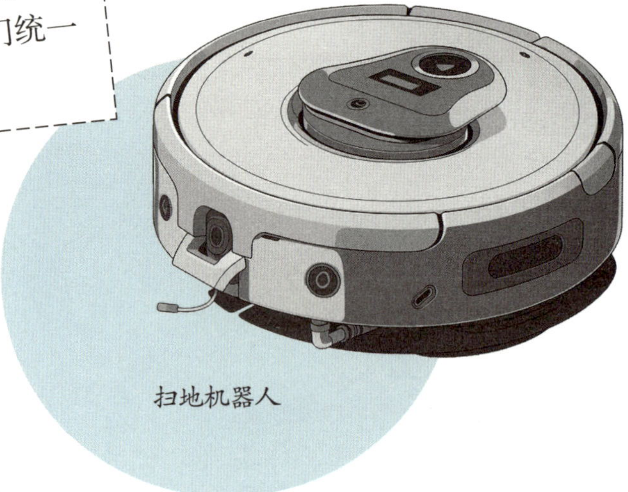
扫地机器人

想象中的外星人

来自地球以外的智慧生命，它们被我们想象成“人模人样”，被我们称为“外星人”。

人的异化

随着生物科学的发展，基因编辑、克隆等新技术的发展突飞猛进，不久的将来，人类可以通过科技手段，制造出一个活生生的人，这样的“人”算是人吗？

如果因基因突变，或被科学赋予了超乎寻常的能力的人，例如长着翅膀可以飞行，长着鳃可以在水下生存，这样的人算是怪物还是人？

机器智能化

随着人工智能的发展，机器人不仅具有远强于人类的钢筋铁骨，它们同样具有思维，会使用语言，在象棋、围棋等领域已经可以碾压人类。甚至在不久的将来，它们在智力上极有可能远远超过人类，也可能产生与人类相似的情感。智能机器人会对人类文明产生怎样的影响甚至威胁？

对生命的把握

在神话传说中，生命是神创造的，起死回生是神才能做到的事。然而借助科学，人类复活生命、创造生命的梦想，在理论上并不是不可能。也许不久后，我们就可以在动物园看到复活的猛犸象、剑齿虎，甚至是恐龙，也许还可以让我们逝去的亲人复活。

像咕噜和还行这样，不管外形是否像人，都是机器人，都可以作为科幻小说人物。人类发射到太空和其他星球上的无人探测器，也属于机器人。

请将下列中国无人探测器，按其飞离地球的远近排列：

①嫦娥 2 号 ②玉兔号

③玉兔 2 号 ④祝融号

4 过关打卡点

答案 ④①③②

第一关 人造怪物

咕噜：不是所有怪物都算科幻吧？

还行：当然了，神话中的妖魔鬼怪不算科幻，如果是因病毒、辐射或人为原因，导致基因变异的，或来自太空的等等，这类涉及科学元素的怪物，才可以算科幻。

咕噜：哦，那你这个会说话、又来历不明的鹦鹉，算怪物吗？

还行：你才是怪物！

第一个科幻世界中的怪物 弗兰肯斯坦的怪物

来源 科幻小说《弗兰肯斯坦》

［英］玛丽·雪莱

故事

弗兰肯斯坦是个科学家，用死人废弃的肢体组装起来一个人形怪物，并且用闪电激活了这个怪物。怪物是男性，身材高大，相貌丑陋，原本性格温和。但他的怪模样遭到人们的嫌弃，想要一个女性同伴的愿望被弗兰肯斯坦拒绝，他最终变得脾气恶劣，还杀了人。

Frankenstein 弗兰肯斯坦，成为文学史中的经典人物。

这个怪物名气很大，他是第一个通过科技手段被造出的人，是第一部科幻小说中的大主角，还是科幻电影中出现的第一个怪物。他给后来的科幻小说、科幻电影提供了一套“怪物故事模板”。

发现怪物

大王乌贼又叫巨型乌贼，有三颗心脏，有大脑，属于软体动物门下的头足纲。这一纲里还有墨鱼、章鱼、鹦鹉螺等神奇动物。生活在海面下 200~1 000 米深的地方，它一旦游到海面上肌肉就会变得松弛无力。直径达 25 厘米的大眼睛会因大量海面上的强光而变成瞎子。大王乌贼经常和抹香鲸打架。

科幻电影《极度深寒》中，编导根据大王乌贼的形象，虚构出一只差不多有巨型邮轮般大小的海怪。它拥有数不清的吸管，每个吸管都可以吞进一个人，吸干其体液，再将残体吐出。影片最后，海怪现出头部，用一双直径超过 30 厘米的巨眼盯着主人公，令所有观众心冷胆寒。

《极度深寒》中的海怪奥特瓦草图

怪物故事模板

故事开始	人类用科技手段创造出（发现）怪物
故事进展	怪物不被人类接受
故事高潮	怪物给人类造成了伤害
故事结尾	在付出了巨大代价后，怪物被人类消灭
创新点	人类闯进了怪物的世界，扮演了外来者与入侵者的角色。怪物虽然面目狰狞，但其实却是受害者。

制造怪物的方法

两种途径

直接造

代表：弗兰肯斯坦在实验室中制造怪物。

动机：人类主动去干的，结果导致了灾难，甚至到了无法收拾的地步。

目的：强调对人性的反思。

间接造

代表：哥斯拉。

动机：科技失控后，造成的问题，比如环境污染造成动物变异，程序错误引发机器人伤害人类，医疗事故制造出基因混杂的异形……技术的失控会导致无法挽回的破坏，怪物作为科技发展过程中的副作用而产生。

目的：强调对科技发展的反思。

经典怪物

哥斯拉：来自深海的怪物

怪异系数	★★★★☆
出现时间	1954 年
出现地点	日本

来源：

在受到辐射污染的海域，诞生了身高 50 米的巨大怪物。它是深藏海底的太古生物，因为遭受氢弹爆炸的核辐射，进而化身为更具破坏力的恐怖怪物。

产生背景：

1954 年 3 月 1 日，美国在马绍尔群岛比基尼环礁进行了氢弹实验，大量的死灰散布到预定区域之外，日本静冈县渔船“第五福龙丸”上的 23 名人员因此受灾。受此启发，电影人创作出最早的哥斯拉形象，反映人们对核武器的恐惧。

异形：来自外太空的怪物

怪异系数 ★★★★☆

出现时间：1979 年

出现地点：太空飞船

《异形 1》故事

未来，人类穿梭于星际之间展开商业活动。星际商业运输船“诺史莫”完成任务满载太空矿石返航地球时，突然收到了一组奇怪的信号，飞船接到指令前往信号源地进行搜救。

信号源发出处果然有一艘坠毁的飞船，其中的船员都早已死亡。此时，留在“诺史莫”号的指挥官破译出该信号并不是求救信号，而是警告信号！队员的生死搏斗开始了！

来源：科幻系列电影《异形》

异形诞生于 1979 年，这个潜藏在宇宙无边黑暗中的怪物肮脏、嗜血、灵敏、强壮、无声无息，是人类的噩梦，唤起我们内心最深层的恐惧。《异形》系列电影一共有八部:《异形》四部、《异形大战铁血战士》两部、《普罗米修斯》与《异形：契约》两部。这种怪物虽然不是人类自身制造，却由于人类的发现进入地球，试图将人类变成它的育儿床。

异形特点：

生存能力极强，牙齿和爪子都很锋利，爪子的威力发挥到极致，还能用结实的尾巴刺穿对手。它们感官敏锐，行动敏捷，擅长突袭，如有需要，还会集团作战。

异形最可怕的是它的繁殖方式。异形的一生包括好几个环节。其中一个环节是寄生。这寄生不是一般的寄生，寄生的同时能吸收宿主 DNA 中的优秀成分，用于对自身的改造。寄生结束，异形的幼体会撕破宿主的身体，以鲜血淋漓的方式再次“出生”。

5 过关打卡点

世界上第一个进入太空的人是（　　），将他送上太空的国家是（　　）。

第一个登上月球的人是(　　)，将他送上月球的国家是（　　）。

中国第一个进入太空的人是（　　），中国第一个太空出舱的人是(　　)。

答案

加加林，苏联。阿姆斯特朗，美国。杨利伟，翟志刚。

第二关 机器人

咕噜：要是我家有台机器人就好了。

还行：有啊，你家有两台呢，扫地机器人和无人机。

咕噜：它们也算机器人？

还行：它们当然是机器人。

咕噜：我要的是能帮我写作业的机器人。

还行：我让你妈妈给你买一台。

咕噜：别去，我还是自己写作业吧。

机器人经常在科幻小说中担任主角。

机器人故事怎么写，关键是要确定机器人与人类的关系。

机器人并不等同于 AI（人工智能）。半自主或全自主的智能机器，不管是不是人形，都可以叫机器人；而 AI 是让机器模拟并扩展人类思维的技术科学，不一定需要一副钢铁之躯。

但机器人能不能超越人类取决于 AI 的发展，就像人类超越动物取决于大脑的进化。

我们在这里所说的机器人与人类的关系，指的是控制机器人的 AI 与人类的关系。

关系 1：得力助手

名字：R2-D2

来源：电影《星球大战》

R2-D2 是个机智、勇敢而又鲁莽的宇航技工机器人，虽然小巧的身体只有 0.96 米高，却塞满了装有各种工具的附加臂，使它成为一个了不起的太空船技工和电脑接口专家。它的勇敢使它成为人类无可替代的重要伙伴，经常在关键时刻扭转乾坤。

关系 2：亲人

名字：大卫

来源：电影《AI》

莫妮卡的儿子马丁成了植物人，她很痛苦，丈夫亨利带回一个与真人一样的机器人小男孩大卫。莫妮卡与大卫渐渐有了母子情，但后来马丁醒了，母亲只好哭着把大卫赶出了家。

为了得到母爱，大卫去寻找童话中的蓝仙女。他历尽艰辛，还被抓进了机器人屠宰场，幸好被机器熊泰迪和一个小女孩所救。几经周折，大卫终于在海底见到了蓝仙女的雕像，大卫向它祈求，却无济于事。

2 000 年后，外星人发现了大卫，得知它的愿望，找到莫妮卡的头发复活了她。大卫终于和莫妮卡团聚。

关系 3：敌人

名字：T-800

来源：电影《终结者》

21 世纪的核战争后，地球被人工智能“天网”统治，幸存的人类顽强抵抗。为除掉人类的领袖约翰 · 康纳，天网派机器人 T-800 回到 20 世纪，去刺杀约翰的母亲莎拉 · 康纳，阻止他出生。约翰也派凯尔 · 里斯去保护莎拉。

莎拉遭遇了 T-800 追杀，在凯尔保护下终于逃脱。患难中，凯尔和莎拉相爱了。T-800 又一次追来，为救莎拉，凯尔与 T-800 同归于尽。

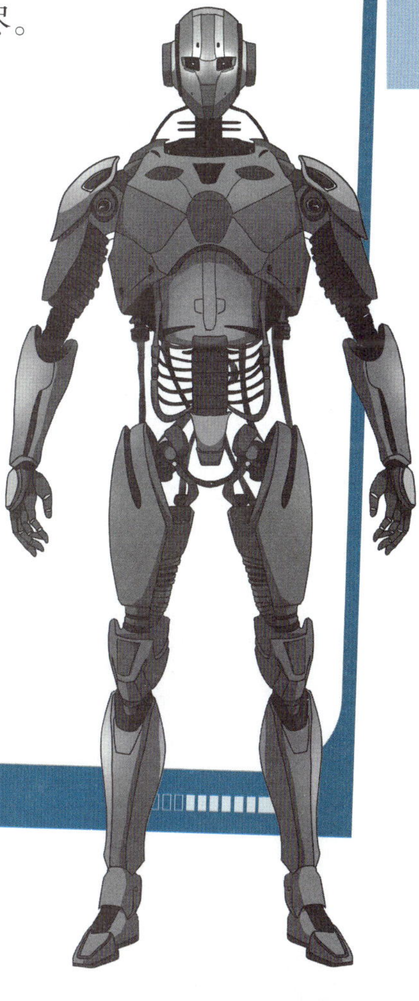

关系 4：成为人类

名字：安德鲁
来源：电影《机器管家》

理查德·马丁一家买来一个机器人安德鲁当管家，马丁很快发现安德鲁具有非凡的创造力，还能表达情感，于是教它知识。随着学习的越来越多，安德鲁想得到自由，马丁答应了它。为了弄清自己是谁，安德鲁到处寻找与自己同型号有个性的机器人，但是失败了。后来在工程师的帮助下，安德鲁把自己改造成了一个真正的人。

安德鲁爱上了马丁二女儿的孙女波西娅·查尼，希望法庭承认它是人类，与波西娅结婚。法庭用“没有长生不老的人类”驳回了它的请求。在波西娅弥留之际，安德鲁再次改造，给自己设定了生命界限。法庭最终宣布它是人类，可以与人类结婚。消息传来，安德鲁安详地离开了人世。

HAL9000，影视作品中第一个超越人类智力的机器人

电影《流浪地球》中的 moss

6 过关打卡点

棋类游戏是人类智慧和文化的结晶，然而人工智能后来居上。

1997 年，国际象棋世界冠军卡斯帕罗夫，败给了（　）。

2016 年，Alpha Go 在（　）比赛中战胜了世界冠军李世石。

答案：深蓝，围棋

关系5：超越人类

名字：库蒂
来源：小说《理性》
[美]艾萨克·阿西莫夫

在“太阳站5号”太空站工作的鲍威尔和多诺万遇到了难题：负责协助人类管理太空站的QT-1机器人库蒂，不承认自己是人类制造的。为了说服库蒂，鲍威尔向它解释太空、星球，以及向地球提供太阳能的太空站。但库蒂还是不相信，它觉得人类既脆弱又落后，能力低于自己，所以无法创造自己，而它认为自己是由太空站的核心“内核”制造的。两人当着库蒂的面组装了一个机器人，但库蒂还是不承认组件是人类制造的。多诺万用图书馆里的书向它解释，但库蒂依然不信。

电子暴就要来临，如果太阳能输送的角度偏差百分之一毫秒，波束就会将地球上数百平方公里的土地烧毁。但库蒂接管了太空站，禁止二人进入控制室。在他们绝望的时候，库蒂保持住了波束的稳定，它依然服从“机器人学三定律”中的第一定律。

鲍威尔和多诺万认为库蒂可以精准完成任务，换班后放心地离开了。库蒂以为他们二人将被销毁，悲痛地送别。

小说里，虽然机器人库蒂不让两人进入控制室，但它依然遵守机器人三定律，比人类更出色地完成了任务。这里提到的机器人三定律是什么呢？

1950年，阿西莫夫出版了科幻小说集《我，机器人》，收录了9篇短篇小说。虽然故事各自独立，却拥有共同的主题，探讨人类与机器人间的道德问题。开创出阿西莫夫的机器人浩瀚虚构历史，使读者第一次领略了阿西莫夫机器人科幻小说的魅力。在这本书的引言中，阿西莫夫提出了机器人三定律。

知识能量块

机器人三定律

第一定律：机器人不得伤害人类，也不得见人类受到伤害而袖手旁观。

第二定律：机器人应服从人的命令，但不得违反第一定律。

第三定律：机器人应保护自己，但不得违反第一、第二定律。

第三关 复活者

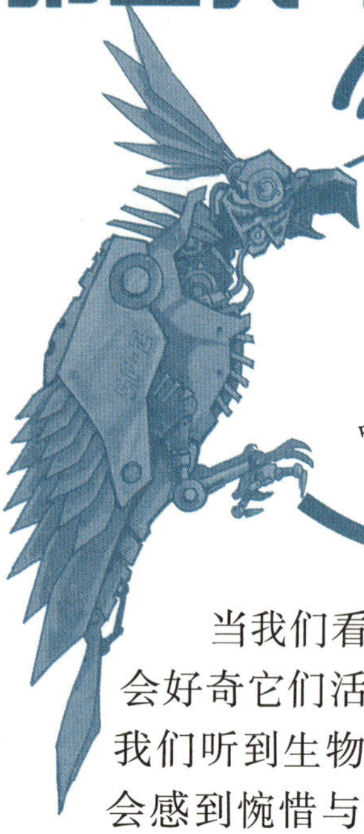

咕噜：还行，听说你的祖先是恐龙？
还行：准确地说我们鸟类跟恐龙有同一个祖先。
咕噜：如果能把恐龙复活，养一只当宠物该多好。
还行（把自己的影子放大投到墙上，并发出吼叫）：嗷呜！
咕噜（吓得撒腿就跑）：怪兽啊！

当我们看到古生物化石，会好奇它们活着时的样子；当我们听到生物灭绝的消息，又会感到惋惜与悲伤。在科幻小说中，有这样一个类型，就是讲灭绝生物复活的故事。在现实中，随着科技的进步，尤其是基因技术的发展，让灭绝的生物重返地球已经成为可能。为了科学研究，也为了满足好奇心，科学家已经在尝试了。

你是否想过，如果灭绝的生物复活，它们能适应新的生态环境吗？又会对现在的生物造成怎样的影响？还可能发生什么意想不到的事？

复活恐龙

复活难度
☆☆★★★

出现时间
现代

水生恐龙

复活方法

孵化古代被树脂包裹的恐龙蛋

来源

《世界最高峰上的奇迹》
［中］叶永烈

科学考察队在珠穆朗玛峰的化石中，发现一个被古代树脂包裹的蛋，里面居然还有蛋黄和蛋白。他们小心地打开树脂外壳，从蛋里孵出了一只小恐龙，命名为“珠穆朗玛恐龙”，小名“朗朗”。朗朗对牛奶、猪肉、面包、水果等都不理睬，只喜欢吃海鲜。后来朗朗生病了，兽医建议将它放到海里。朗朗如鱼得水，三个月后体重长到了100多吨。

霸王龙和迅猛龙

复活方法

在琥珀里远古蚊子吸过的恐龙血液中，提取基因信息。

来源

《侏罗纪公园》

［美］迈克尔·克莱顿

哈蒙德博士要建立一个以恐龙为主角的公园，他与众多科学家利用琥珀里面困住的远古蚊子体内的血液，提取出恐龙的基因信息，培育繁殖恐龙。他如愿以偿，在努布拉岛建成恐龙主题公园“侏罗纪公园”，坚信可以赚大钱。然而，在一个暴雨夜中，恐龙失控，逃出控制区，游客惨遭杀戮，恐龙也自相残杀，整个公园弥漫着恐怖气息。

伶盗龙

复活方法

鸟类基因逆向“复活”

来源

《伶盗龙复活计划》

［中］汪彦中

研究所应环艺公司的要求，用鸟类基因逆向“复活”了伶盗龙。然而环艺公司却说带羽毛的 1 号龙像野鸡，坚持要求他们复活只存在于电影中的怪兽恐龙。恐龙专家陶勤知受秃头同事的启发，修改了鸟类基因，诞生了没长毛的 2 号龙，加入鳄鱼基因了绿色鳄鱼鳞片的 3 号龙，都没有通过验收。

这时 1 号龙被误打了过量激素而死，尸体也不见了。4 号龙终于验收合格，但在运输时被复活的 1 号龙杀死。1 号龙才是真正的恐龙。研究了一辈子恐龙的陶勤知，能看它一眼就知足了。

复活尼安德特人

复活难度

★★★☆☆

出现时间

现代

来源

《优秀种族》

[美]杰罗姆·比克斯

故事：

科学家利用3万年前被冰冻的尼安德特人尸体，克隆出了两个孩子。他们渐渐长大，并学习人类的知识，在智力和体力方面表现得比人类更优秀。在他们15岁时，人类因害怕将他们枪杀。

尼安德特人

复活恐龙和尼安德特人，这只是科幻小说中的想象。但在现实生活中，确实有古老的生物被复活了。还有即将被复活的灭绝物种！

古莲 已复活

2007年，在南京秦淮河清理淤泥时，在宋代地层中出土了古莲子，距今已有大约一千年。2019年，经过人工破壳的种子被种下，2022年7月初，竟然长出了第一朵花苞。

经中国科学院考古研究所测定，一般古莲子的寿命约在830~1 250岁，属于世界上寿命最长的种子。而且莲子内还有个小气室，存贮着0.2立方毫米的空气，使它在干燥、低温、封闭的环境中休眠时，不会被憋死。

猛犸象 待复活

猛犸象灭绝时间距今只有大约1万年，它们曾经生活的地方又是欧亚大陆的寒带地区，低温可以保存完整的猛犸象细胞、甚至有血有肉的完整尸体。科学家已经从冰冻猛犸象尸体中提取到了完整的DNA。我们已经有了克隆技术，由它的近亲大象代孕，复活猛犸象的可能性很高。1万年前猛犸象喜欢吃的植物，今天仍然存在。在北极圈附近，也有接近它们当年的生存环境。可惜现在并没有提取到完整的猛犸象细胞核，所以不能复活。

部分动物灭绝榜

灭绝物种	灭绝时间	生活区域	灭绝原因
比利牛斯山羊	2000 年	西班牙、法国	猎杀
夏威夷蜜旋木雀	2003 年	美国夏威夷	猎杀、外来物种入侵
金蟾蜍	2006 年	美洲哥斯达黎加	气候变化、酸雨
塞舌尔蜗牛	2007 年	印度洋塞舌尔群岛	栖息地破坏
白鳍豚	2007 年	长江中下游	栖息地破坏、过度捕捞鱼虾、水质污染
利物浦鸽	2008 年	不明	捕捉
西非黑犀牛	2011 年	非洲中西部草原	偷猎
平塔岛象龟	2012 年	南美洲平塔岛	物种入侵、栖息地破坏
珊瑚裸尾鼠	2019 年	澳大利亚大堡礁	海平面上升
长江白鲟	2022 年	长江中下游	长江生态环境恶化、过度捕捞

根据国际自然保护联盟数据，仅 2010—2019 十年间，就有 467 个物种被宣布灭绝。

“复活”类科幻小说怎么写？

确定要复活的生物（动物或者植物）

设置复活的技术要点
复活后的生物能否适应现实社会，发生了哪些矛盾？怎样解决？

咕噜和还行来到博物馆看恐龙。

恐龙生活在约 2.5 亿年前至 6550 万年前的中生代，分为三叠纪、（　　）纪和白垩纪。

今天我们是通过恐龙死后的骨骼形成的（　　）认识它们的。

恐龙属于陆生爬行动物。翼龙是会飞的爬行动物，蛇颈龙、沧龙属于海生爬行动物，所以它们是不是恐龙呢？（　　）

7 过关打卡点

答案
侏罗，化石，不是

第四关 超能者

咕噜：我会说话。
还行：我会说话。
咕噜：我会飞。
还行：你吹牛。
咕噜：唉，我怎么才能像你一样飞啊？
还行：那你得激发超能力，长出俩翅膀才行。

超能者，指拥有超过常人的特殊能力的人，比如飞行、刀枪不入、力大无穷、隐身、快速移动、透视眼等。你可能会想到《西游记》中的孙悟空，他能轻松拿起一万三千五百斤的金箍棒，刀砍斧剁伤不着他半分，翻个跟头十万八千里，火眼金睛可以识别妖魔，拔一根毫毛可以变成他自己……但这是神话，不是科幻。

怎样改编一下，孙悟空的本领就成为科幻了呢？比如外骨骼可以增强人的力量，纳米材料做的防弹衣可以刀枪不入，坐上火箭可以比筋斗云还快，X射线可以让伪装现出原形，克隆技术可以造出另一个你……看，科学的神奇不比神话差吧？我们就是要用科幻小说这种方式，将科学的神奇表现出来。

天赋异禀型：超人

超人，美国漫画中的超级英雄。生于氪星，在地球长大，胸前有个S标志。他有着与生俱来的超能力，钢铁之躯，子弹打不透，眼睛可以发出射线，能自由地在空中高速飞行，甚至能追上导弹，还能飞到太空。

分析：

超人的飞行既没有用翅膀靠空气动力学，也没有在脚下装火箭靠反作用力，不能用弹跳来解释，无论是漫画还是电影，都没有解释他是怎么飞的。科幻小说就必须给出合理的科学解释。为什么科幻小说中的科学如此重要？因为科学是科幻小说的基石，没有了科学，科幻小说就变成了奇幻小说。

基因突变型：蜘蛛侠

彼得原本是一名普通学生，意外获得了蜘蛛的本领，可以吐丝，还能攀爬。刚开始他并没有想行侠仗义，而是用超能力为自己谋利。叔叔教育他："能力越大，责任就越大。"后因他的自私放走了劫匪，导致叔叔被杀害。这一事件使他彻底改变，成为真正的蜘蛛侠。并在大反派绿魔的威逼利诱下，坚持与邪恶战斗到底。

分析：

人的基因会突变吗？

答案是会的，基因突变通常由辐射、化学物质或病毒等微生物引发，好的突然会让生物进化，坏的突变属于疾病。

当然，被普通蜘蛛咬一口是不会变成蜘蛛侠的，只会让你中毒。超能者也有合成失败的例子。科幻电影《变蝇人》，就讲述了一个科学家与苍蝇融合，变成了恐怖的蝇人。

人机合体型：钢铁侠

在《钢铁侠》中，托尼·史塔克是个天才，却有着性格缺陷。他一开始只想卖军火谋利。后遭遇绑架，同伴为掩护他而牺牲后，他发生了改变，将自己的智慧用在与坏人战斗中，并取得了胜利。

分析：

人体与机械可以合体吗？

这里说的合体，不是说人穿上铠甲，而是自如操纵机械，就像身体的一部分。有两项尖端技术，使这种合体成为可能。一是外骨骼，相当于可穿戴机器人，将人的智能与外部机械动力装置相结合，给人提供额外的能力。比如让士兵变成大力士，背上超重的武器弹药和给养，也能健步如飞。还可以让残疾人摆脱轮椅和拐杖，重新站立和行走。二是脑机接口，它会让机械变得跟自己的手脚一样，控制起来得心应手。或许不久的将来，人人都能成为钢铁侠。

超能者的科幻小说怎么写

这种小说的目的是反映出超能的应用，那当然得用在做英雄上。注定不能用超能干坏事情。

小说开头，主人公是个平凡的人，生活在正常世界中。后来因意外获得了超能力，或激发本身具有的超能力。接着因为突发事件，启用超能力，惩恶扬善。主人公也成长为英雄。也可能是反例，主人公没有成为英雄。解决问题后，主人公可以选择隐姓埋名，重回平凡的生活，也可以进入超能者训练营，与其他超能者一起维护世界和平与正义。

这个故事情节熟悉吗？对呀，《蜘蛛侠》就是这样的故事。你知道的超能力英雄们，绝大部分都是这个故事模式。

这个故事的流程图，画出来就是这样的：

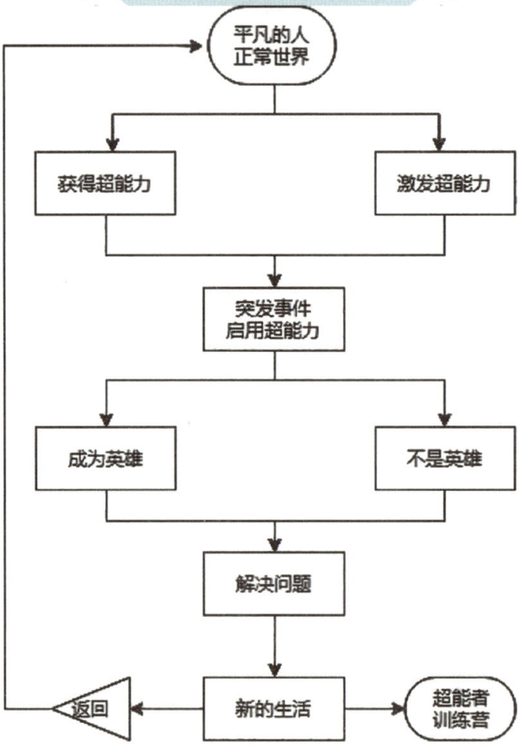

超能者故事的关键：超能者的成长

蜘蛛侠和钢铁侠都是平凡人，在遭遇突发事件后，用超能力惩恶扬善，克服了自己内心的缺点，最后成为英雄，维护正义与世界和平。

蜘蛛侠利用蜘蛛丝在高楼间飞檐走壁，甚至能拦停一列高速行驶的失控火车。

你觉得在现实中，同等粗细的蜘蛛丝和钢丝，哪个更结实？

8 过关打卡点

构思小说时，需要先向自己提出一系列问题，问题会强迫你的大脑去寻求答案，让你慢慢清理出故事线索、角色和背景。你会得到故事发展的完整过程，并从中找出你最想表达的情感或者道理。比如这些问题：

1. 主角的日常生活是什么样子的？
2. 主角在哪些方面处于劣势或者性格上有缺陷？
3. 日常生活中主角的敌人或者对手是什么？
4. 发生了什么样的事情将主角逼到了绝境？
5. 主角爆发出怎样的超能力？
6. 这个超能力是如何获得或者被激发出来的？
7. 超能力帮助主角摆脱了什么困境或者危机？
8. 主角在驾驭超能力的过程中获得了什么样的经验？得到了哪方面的教训？
9. 主角最终有没有放弃超能力？

中国的超能者：中国功夫与武侠精神

你在公园里见过爷爷奶奶打太极拳吗？这种慢悠悠的动作，明明更像舞蹈，为什么叫“拳”？我们普通人练习太极拳是为了强身健体，而武术高手可以将太极拳用于实战，有“四两拨千斤”的效果。这也正合中国功夫所蕴含的武侠精神：除恶扬善，后发制人，以柔克刚。中国文化从来不提倡西方人的以暴制暴，而是以德服人，攻心为上。高强的功夫决不能欺负好人，而是要见义勇为、舍己助人。

答案

蜘蛛侠

第五关 外星生物

咕噜：还行，听说月球背面有外星人基地。

还行：这你也信，咱们的嫦娥 4 号和玉兔 2 号去了那里，外星人的毛也没发现。不过月球上确实来过外星人。

咕噜：真的吗？哪个星球来的？

还行：这你都不知道？当然是从地球来的啊。

外星生命

顾名思义，就是地球以外其他星球上的生命物质。包括最简单的构成生命最基本的分子，它们当然不算生物，但它们是生物的原材料。还包括微生物、植物、动物，甚至是外星人。

观点 1

虽然目前还没有发现外星生物，但宇宙那么大，有那么多星球，不应该仅仅只有地球存在生命。

生命的形式有很多种，不一定要跟地球生物长得一样，智慧生物（外星人）也不一定要长得人模人样。那它们长啥样呢？生物只有适应环境才能生存，外星生物必须适应外星球的环境。比如在一个重力很强的星球上，生物应该普遍较小；反之，在重力很弱的星球上，生物更容易长得很大；在寒冷的星球上，长着长毛的可能性较大……

观点 2

有一门叫作“天体生物学”的学科，就是专门研究地外生命的。

地球上现有的所有生命都属于碳基生命。以碳和水为基础，形成蛋白质等各种组成生命的物质，所以称为碳基。在化学元素中，硅元素与碳元素的化学性质最为相似，那么宇宙中是不是也可能存在硅基生命？电脑的芯片就是用硅做的，人工智能算硅基生命吗？在地球上的一些极端环境中，有些微生物可以通过吸取火山中的硫黄生存，那么宇宙中会不会存在硫基生命？

观点 3

要学会敬畏生命，尊重生命。相信你对假想中的外星生命一定很感兴趣，但地球是我们目前唯一已知拥有千姿百态生命的星球，所以我们一定要善待身边的万物。不要虐待和遗弃宠物。

知识能量块

宜居星球存在吗？

这里所说的宜居星球，不单指适宜人类居住，而是只要适宜生命生存的都算，哪怕是个细菌。在我们的太阳系，最接近地球环境的要属火星。此外，木星的卫星木卫二，土星的卫星土卫二、土卫六，这三颗卫星上有大量的液态水，存在生命的可能性比火星还大。

在太阳系外，目前科学家们已经发现了十几颗可能拥有潜在宜居环境的行星。宇宙可能拥有的宜居行星数量惊人，只是我们的银河系内部，就可能存在多达 600 亿颗以上的宜居行星。

在科幻小说《三体》中，三体人之所以要侵略地球，主要是因为他们生活的行星，绕着三颗太阳运行，环境非常不宜居。

太阳的运行之所以没有规律，是因为我们的世界中有三颗太阳，它们在相互引力的作用下，做着无法预测的三体运动。当我们的行星围绕着其中的一颗太阳做稳定运行时，就是恒纪元；当另外一颗或两颗太阳运行到一定距离内，其引力会将行星从它围绕的太阳边夺走，使其在三颗太阳的引力范围内游移不定时，就是乱纪元；一段不确定的时间后，我们的行星再次被某一颗太阳捕获，暂时建立稳定的轨道，恒纪元就又开始了。这是一场宇宙橄榄球赛，运动员是三颗太阳，我们的世界就是球！

——选自刘慈欣《三体》

遇到外星生物时，我们怎么办？

地点：外星球
关键：适应当地环境

分形橙子《雅努斯之歌》

“雅努斯”行星的一面永远朝着恒星，一半火焰、一半冰原，中间被一条冰雪长城分隔。人类的探测器发现这颗行星上存在生命。它们产下温度非常高的卵，将冰层融化后，在冰层下的海洋中破壳而出，向行星的另一边洄游，并在途中成长为各种各样的新物种。来到行星另一边后，它们登上陆地，进入高温气旋，完成繁衍。探测器还发现这种生命体具有智慧，甚至还诞生了宗教。它们产下卵后，身体化作冰雪长城的一部分，保持行星的生态环境。

原文中，“雅努斯”行星上的生命是这样的：它“惊奇”地发现，它身边的“同类”们并不完全是一样的，有些长出了坚硬的带刺甲壳，但脑袋也缩进了甲壳，一对触手上长着两只小小的眼球；有些长出了更多的触手，有利于快速地划水；还有些长出了更多细小的脚，整个身体变得扁平，以波浪形的姿态在水中快速穿行；还有的就没那么友好了，有一只最大的个体长出了一张巨大的嘴巴，嘴巴张开以后，几乎占了整个身体的一半，可以清楚地看到它嘴里的螺旋状尖牙。小鱼不禁本能地离它远了一些，事实上这个举动是明智的，这个家伙已经演变成了一只掠食巨兽，它很快就开始吞食周围的个体，甚至连比自己体型只小了一点儿的也不放过。但它没有得意多久，不久之后，从海底的沙子中冲出了一只更大的巨兽，一口就将掠食者吞食。

“雅努斯”行星上的生命是如何适应“雅努斯”行星的？首先这种生命的卵，温度高达200摄氏度，可以轻松融化两千多米厚的冰层，进入海洋。孵化后，它们会变成不同的物种，其中强大的以弱小的为食。游到恒星照耀的行星另一半时，它们登上陆地，进入一个高温气旋，吸收能量后产下自带高温的蛋。死亡的生命体会把自己的躯体变成冰雪长城的一部分，对行星的大气循环起到重要作用，使晨昏线附近适合生命生存。生命不仅适应环境，也在改造环境。

9 过关打卡点

完成下图中空白部分的内容，发送到电子信箱：
kehuanlianxi2023@126.com

想象力练习：
如果太阳系的这些星球上有生命形式，它们将是怎样的？

星球	星球特点	生物特点
金星	金星的大气主要由二氧化碳组成，气压非常大，是地球的92倍。温室效应使金星表面温度高达500摄氏度。覆盖金星的云层由二氧化硫和硫酸组成。云层顶端有强风。金星上也有雷电现象。	你认为这里的生物是______
土卫二	土卫二与木卫二相似，表面被冰层覆盖，存在地下海，有地下热源和“水火山”，大气的主要成分是水汽。	你认为这里的生物是______
木卫二	木卫二稀薄的大气由氧构成，表面被冰层覆盖，冰层下是比地球水量还多的液态海洋。内部有热源，有喷发冰和液态水的“水火山”。	你认为这里的生物是______
土卫六	土卫六有浓厚的大气层，大气主要成分是氮气，有雷电现象。温度很低，只有零下180摄氏度。表面存在液态甲烷和乙烷构成的湖泊或海洋。	你认为这里的生物是______

外星人来了

与地球人交朋友

事件： ET 迷路了

外星人的样子： 身高 1.2 米，细长的脖子可以伸缩，长手指、短腿、大眼的萌物。

外星人的智慧水平： ET 属于幼年外星人，就可以用电子玩具的零件组装成星际电话。

ET 是美国科幻电影《ET》中的小外星人。

ET 被家人不小心丢在地球上了！善良的人类小男孩艾里奥特瞒着妈妈收留了 ET，并把他介绍给自己的哥哥、妹妹和狗。虽然艾里奥特和 ET 语言不通，但建立了奇妙的心灵感应，成了最好的朋友，艾里奥特帮 ET 打星际电话给家人。

ET 被大人们发现了，警察、军队、特工蜂拥而至，无情地抓走了 ET 做实验品。艾里奥特在哥哥和伙伴们的帮助下，救出了九死一生的 ET。在大人们设下的重重拦截关卡前，ET 展现出神奇的力量，带领众人逃脱了追击。

接 ET 回家的外星飞船来了，ET 恋恋不舍地和艾里奥特告别。他们将永远记住这段短暂却美丽的友谊。

你可以这样写一篇关于友善外星人的小说：

ET 为什么会成为友善外星人的代表？电影中的 ET 是善良的，艾里奥特的妹妹送给他一盆枯萎的菊花，ET 让菊花重新盛开；艾里奥特在学校上课时，ET 通过心灵感应与他相连，当看到关在瓶子里的青蛙，喝醉了的 ET 通过艾里奥特将青蛙放生；艾里奥特帮 ET 组装星际电话时，手指被齿轮划伤，ET 用神奇的能力帮他治好。当 ET 和艾里奥特被抓去做实验，两人都奄奄一息时，ET 为了救艾里奥特，断开了心灵链接，舍己救人。

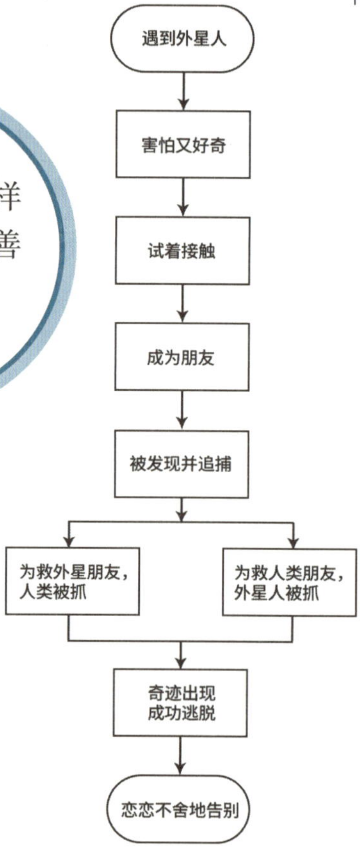

与地球人开战

事件：外星人侵略地球

外星人的样子：

身体最大的部分是大脑，有眼睛、耳朵和触手，肺很大，有心脏和血管，没有消化器官，摄取其他动物的血。驾驶着顶部是个圆盘、下面像章鱼触手的巨型战争机器。

外星人的智慧水平：

具有行星际飞行能力，拥有类似激光武器和毒气弹的先进武器“热光”和“黑烟”。

外星人袭击地球

外星人入侵地球的流程：

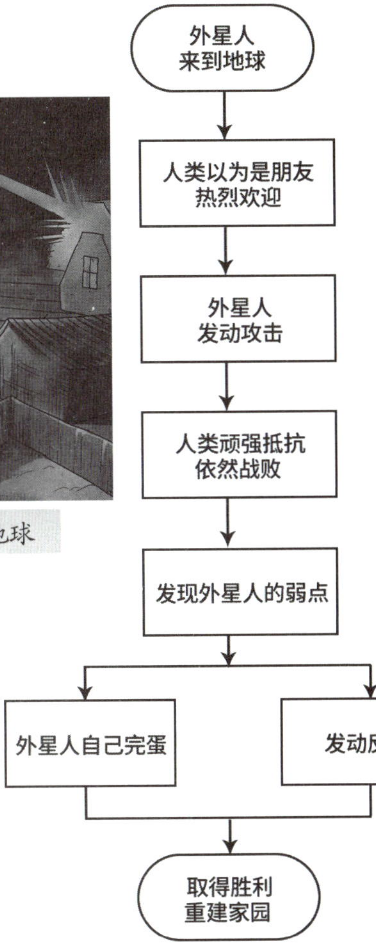

外星人侵略地球是科幻小说中的热门题材。第一篇写外星人侵略地球的科幻小说，是英国科幻作家赫伯特·乔治·威尔斯于1898年出版的《世界之战》。

从天而降的火星人在伦敦附近着陆，发动了征服地球的战争。人类以机枪大炮对抗火星人的先进武器“热光”和“黑烟”。短短几天，火星人就打得当时世界上最强大的英国军队落花流水。正当人类绝望之时，发生了令人啼笑皆非的事，地球上的细菌消灭了没有免疫力的火星人。

10 过关打卡点

天文学家、科普作家卡尔·萨根在他的科幻小说《接触》里，讲述外星文明用质数与人类交流。因为懂得数学的一定是智慧文明。请写出前七个质数：

(　　　　)

答案 2、3、5、7、11、13、17

现在，你体会到了科幻世界中的一些奇异事件，看到一些奇异的生物，你的头脑中是不是开始产生了一些奇怪的念头？别急，我们的科幻世界旅行才刚刚开始。

现在，给大家介绍世界上最短的科幻小说：

《最后一个人》［美］弗里蒂克·布朗

The last man on earth sat alone in a room. There was a knock on the door....

地球上最后一个人独自坐在房间里，这时，忽然响起了敲门声……

请你给这篇小说续写，至少 800 字，发送到电子信箱：kehuanlianxi2023@126.com

11 过关打卡点

第三科幻宇宙

名称
星际探索

传送地
太空站
进城密码
新鲜

穿越群星的梦想

宇航是科幻小说永远的主题，穿越群星，我们领航人类的未来。不同的“球情”会带来不同的故事。因地制宜，因球造事。

人类进行星际探索的意义是什么？

当人类仰望璀璨的星空时，或许都会好奇星星离我们有多远，或许都会被它的浩瀚无垠所深深震撼，或许都曾有过飞向群星的梦想，去探索宇宙的奥秘。

在茫茫宇宙中，人类真的是孤独的吗？我们在等着外星人来地球拜访时，会不会有外星人也在等着我们去拜访？与其坐在家里等外星人来敲门，为什么我们不出去串串门呢？

俗话说：“不能把鸡蛋放在一个篮子里。”同样，人类也不能只待在地球上。地球生物经历过多次大灭绝，或许下一次就轮到了人类。我们只有把人类文明的种子播撒到宇宙中，才不会彻底灭绝。

然而到目前为止，人类只去过离地球最近的月球。

嫦娥四号（图片来源国家航天局）

虽然目前人类的足迹只踏上过月球，但无人探测器是我们探索宇宙的先锋，替我们拜访了月球、太阳、八大行星和其他天体，有的正在向太阳系外前进。截止到 2022 年 1 月，人类发射的飞得最远的探测器是“旅行者 1 号”，它已经在茫茫太空中飞行了 233 亿千米，接近太阳系的边缘。

中国走得最远的探测器是嫦娥二号。这颗探测器 2010 年 10 月 6 日被月球捕获，进入环月轨道，开始了每 12 小时绕月球一圈的在轨工作。2011 年 6 月 9 日，嫦娥二号飞离月球，前往地球外侧约 150 万千米处的日地拉格朗日 L2 点。在那里进行工作到 2012 年 5 月 31 日，嫦娥二号才飞向 1000 万千米外的图塔蒂斯小行星。直到 2013 年 6 月底，嫦娥二号已经距离地球 5 000 万千米，技术人员仍然可以对它进行测控。

2012 年 12 月 13 日 16 时 29 分 55 秒，嫦娥二号已经距离地球 700 万千米。这时，图塔蒂斯小行星与它擦身而过。这个擦身的距离，据说只有 1 564 米。

嫦娥二号发现图塔蒂斯小行星是一个布满碎石堆的小行星，有两个天体聚合而成，后来又被一个直径为 50 米的天体撞击，形成了一个 800 米的撞击坑。

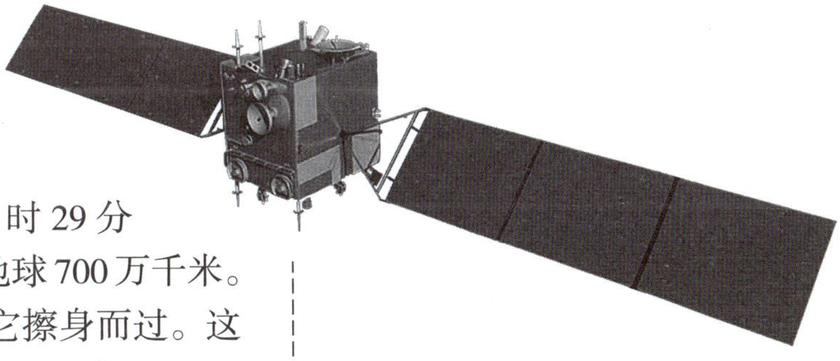

嫦娥二号示意图

为什么星际探索如此困难?

漫长的距离。我们在书上看到的任何一张太阳系地图，比例都是不准确的。为什么不画准确呢？因为如果按真实比例来画，八大行星都会小得看不见。

现在请跟我一起来看看太阳系有多大：

我们先把太阳缩小为直径1米的球，此时太阳系主要天体的大小和它与太阳最近时的距离，是这样的：

天体	直径（厘米）	距离（米）
水星	0.348	41.36
金星	0.8	77.29
地球	0.9	106.86
火星	0.48	162.86
木星	10.2	555.93
土星	8.61	1 021
天王星	3.65	2 050
海王星	3.54	3 217
冥王星	0.17	3 460

柯伊伯带距太阳约5 510米到10 674米，奥尔特云距太阳约500千米到1 500千米。

如果把直径1米的太阳放在北京市中心，太阳系的边缘会在重庆那么远的地方。把这个距离扩大约10万倍，是银河系的直径，约1.5亿千米，是现实中的太阳到地球的距离。

目的，人类的足迹最远到达的地方，是距地球最近时只有36万千米的月球。

恶劣的太空环境。如果没有航天服，人体直接暴露在太空中会怎样呢？太空中没有空气，缺氧自不必说。没有了气压，血液会沸腾，变成气泡，体内的压力会使人膨胀，直到炸开。太空中的温度极低，接近绝对零度；被太阳照射时，温度又会很高，达到几百度。太空中的高能辐射，会直接破坏人体内 DNA、蛋白质等分子的结构，致人死亡。

太空环境如此恶劣，那么到了其他星球上会不会好些？

天体环境与地球不同。太阳系中环境最接近地球的大行星是火星，但那里比地球温度低，气压不到地球的 1%，没有充足的氧气，火星表面受到的辐射也更强。其他天体，如金星的气压是地球的 92 倍，温度高达 500 摄氏度，可以熔化金属铅。木星等气态大行星，不仅没有人类立足之地，环境更为恶劣，比如著名的木星大红斑，就是个比整个地球还大的超级风暴。

“飞天”舱外航天服示意图

这件衣服总重量120千克，航天员穿上它，能够在舱外活动4小时以上。

舱外航天服分6层：适层、备份气密层、主气密层、限制层、真空屏蔽隔热层和外防护层。

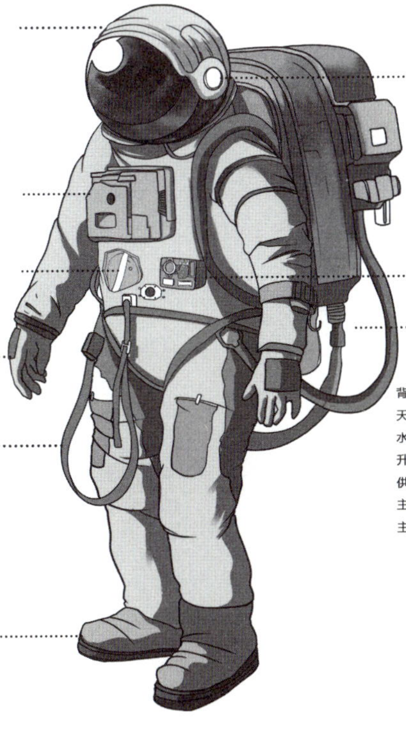

第一关 科幻月球

咕噜和还行正在赏月。

咕噜：还行，你觉得太阳重要还是月亮重要？

还行：都重要啊。

咕噜：我觉得月亮更重要。

还行：为什么啊？

咕噜：月亮给黑夜带来了光明，太阳就没什么用了，总是在大白天出来。

写故事前要做资料准备

月球的资料太多了，从何下手？全面了解，重点加强。写完了小说，咱就能成了半个月球专家！

按照下列的思维导图做一份月球资料夹。

发现没有在这个导图中的项目，添加上。

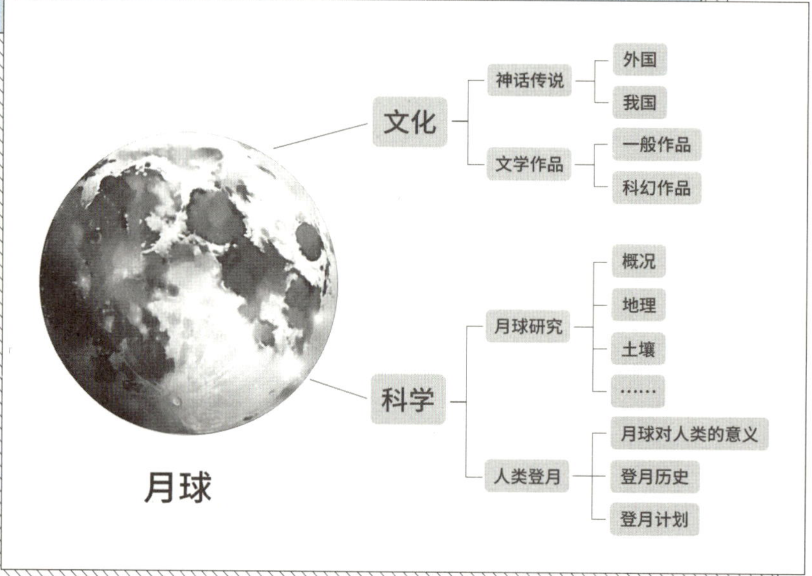

科幻小说，是科学 + 幻想 + 小说，科学基础有了。下面就要开始幻想了。

幻想从哪儿开始呢？看看下面的思维导图。

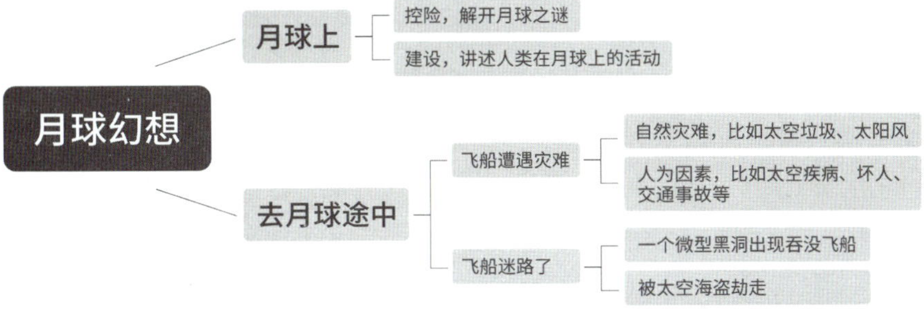

怎么使用这个思维导图呢？

比如同学你选择了“月球上”这个场景，打算进行一番探险。那么会去解开哪个月球之谜呢？

月球之谜太多了。你在收集月球资料的时候，一定遇到了不少。注意，这个迷要有科学性。

科学性是什么？就是我们可以反复观察、探测并且能有图片、数据、视频等留存。

比如月球面闪光现象到底是怎么回事？

比如月球是不是中空的？

比如月球正在一点点离开地球，为什么？

…… ……

选一个，写出和它的相遇。写出你对这个迷的解释。

你可能会说，我不知道怎么解释，我没有答案啊。

没有答案就不写答案呗。

你只要不用魔法啊、做梦啊这些理由来解释，我就给你满分。

月球表面

大师怎么写月球

儒勒·凡尔纳《从地球到月球》，讲述了冒险家们乘坐空心炮弹到月球探险的故事。

故事发生在南北战争后的美国，一群退役炮兵组成了大炮俱乐部，无聊之中突发奇想，决定发射一颗炮弹到月球上去。故事的最后，炮弹没有击中月球，而是进入了月球的环绕轨道，成了月球的一颗小卫星。

乔治·威尔斯《第一个登上月球的人》讲述科学家利用反重力物质，与朋友一起飞向月球，成为人类首批登月者。正当他们陶醉于月球的奇异风光时，飞行器却失踪了，他们还被月球人绑架了。两人逃脱后又失散了，贝福德只好一人返回地球。他在地球意外地接到了凯沃从月球发来的电报。

知识能量块

“史上第一部科幻片”《月球旅行记》，就取材于上面两部小说。

《月球旅行记》剧照

关键点：一定要结合月球的特殊情况，进行故事创作。

举例：假如有个航天员迫降在了月球，那里没有空气，需要用电能来制造氧气。可天黑了，太阳能电池板就发不了电了，该怎么办？

经典作品

故事： **《追赶太阳》**［美］杰弗里·兰德斯

翠茜乘坐的“月影号”飞船迫降在月球表面，她及时甩掉了燃料箱，没有发生爆炸。但两名同伴死亡，飞船损坏严重。好在她的太空服完好，太阳能电池正常，只要有太阳就不会缺水和空气，食品也足够。

翠茜扛着电台爬上山峰，向地球求救。但地球的救援飞船一个月后才能到达。随着月球夜晚的来临，没有太阳能供电，她将失去空气。翠茜决定步行去追赶太阳。

一路上，翠茜不断清理太阳能电池组上的积尘，睡觉时也怕压坏电池板。她忍受被靴子磨破脚的痛苦，一路走到月球背面，看到许多奇异的景观。但月背的路不平坦，太阳越来越低，黑暗笼罩了地面，只剩下山尖还有光照。翠茜爬上山岗，终于等到救援。这时她已徒步行走一万一千千米，绕行月球一圈。

节选

在转动了五分钟之后，地球把地面天线带出了接收范围。在这段时间里，在他们从月影号尚有幸存者的意外里清醒过来后，翠茜得知了问题的症结所在，她的降落地点十分接近黄昏线——正好在月球向阳面的边界上，月球尽管转动很缓慢，却是不可逆转的。日落将在三个地球日内来临，然而，没有航天飞机在月球上，没有地方可供她度过十四个地球日的漫长“月夜”。她的太阳能电池需要阳光来使她必须的空气保持新鲜。她找遍了飞船的残骸，没有任何未损坏的储存罐，也没有电池，这意味着没有可能储存一丁点儿氧气。

分析

假如这个故事发生在地球上会怎样？首先，地球上不缺新鲜空气。其次，地球那么大，且有海洋阻隔，不可能在一个月内徒步走一圈。所以在地球上，这个故事不会发生。但在月球上，故事就有可能发生。

12 过关打卡点

在地球上，咕噜可以跳1米高，还行扇一下翅膀可以上升10米。咕噜在月球上可以跳（　）米，还行可以上升（　）米。

答案 6，0（因为月球没有空气）

第二关 移民火星

写了月球故事，下一个进入我们视野的就是火星了。还是先来收集火星的资料。

火星的资料太多了。

你在收集资料的过程中，会发现对火星所有的幻想，所有的研究，都围绕着一个中心点：**火星上能住人吗**？

因为火星是离我们最近的行星，尽管这个“近”也有 5 500 万千米。我们希望这颗星球可以居住。人类能够移民火星，减缓对地球的压力。

火星资料包

- **文化**
  - 神话传说
    - 外国
    - 我国
  - 文学作品
    - 一般作品
    - 科幻作品
- **科学**
  - 火星研究
    - 概况
    - 天文
    - 地理
    - ……
  - 人类登火
    - 火星对人类的意义
    - 无人探测历史
    - 登火计划
    - 改造火星

火星

人类发明望远镜后，就用它来观测星空。1877 年，意大利天文学家斯基亚帕雷利发现，火星上有许多像“河道”的线条。他的观测成果被翻译成英文时，译成了含有人工开凿意思的“运河”。既然是人工开凿的，人们就认为火星上生活着会开凿运河的火星人。后来就有了威尔斯的《世界之战》等经典科幻作品。

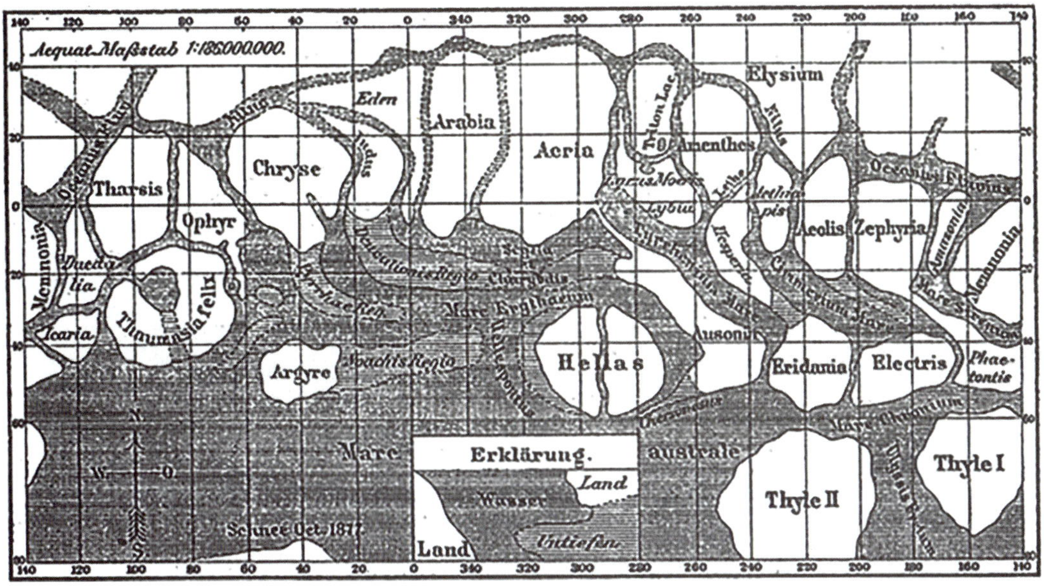

1877 年意大利天文学家斯基亚帕雷利绘制的火星地图

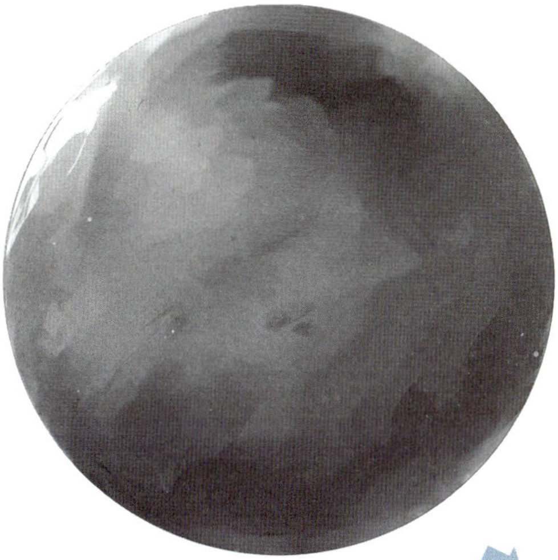
火星

随着人类的探测器飞向火星，传回的照片显示，火星是一片红色的沙漠，火星上没有运河，更没有火星人。但人类对火星的认识越来越多，火星科幻小说也随之发生了变化。

威尔斯的《世界大战》，是第一部写火星人的科幻小说。

我国祝融号火星车和着陆平台在火星着陆点合影
（图片来源 中国国家航天局）

火星科幻写什么？

1. 地球到火星的漫长旅程

地球上发出的光只需 1 秒多的时间就能到达月球，地球到火星的距离可就远多了，最近距离约为 5 500 万千米，光速需要约 3 分钟，最远距离则超过 4 亿千米，光速需要约 22 分钟。火星与地球都在绕太阳公转，两者的位置在不断变化，我国发射的“天问一号”探测器飞了约 7 个月才到达火星。

太阳帆

这段漫长的旅途中，所需要的航天技术，以及发生的故事，就可以成为我们写科幻小说的素材。例如：离子推进器、核火箭、太阳帆、磁场帆、虫洞等。

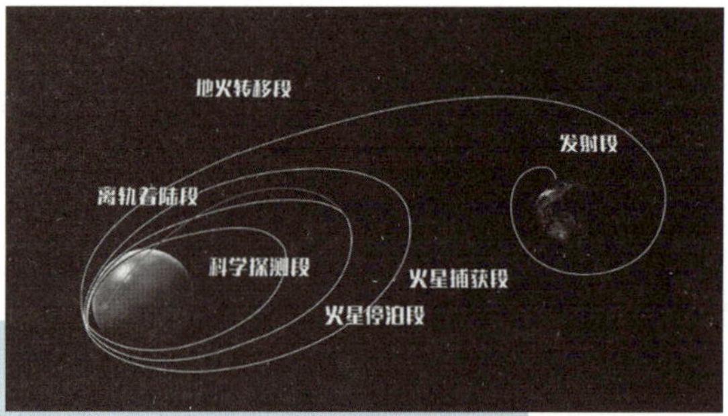

天问 1 号火星探测器飞行轨迹图
（图片来源 中国国家航天局）

天问 1 号火星探测器飞往火星
（图片来源 中国探月工程微信公众号）

2. 火星探险

当人类跨越茫茫太空，到达火星后，会发现什么？会发生什么样的故事？

想象一下，假如把你一个人遗弃在火星，你该如何生存？

经典作品

《火星救援》 ［美］安迪·威尔

故事：

马克是玛尔斯三号火星任务六名成员之一。登陆火星第六天时，遭遇了火星沙暴，马克不幸被天线击中。队友以为他死了，乘逃离舱返回赫尔墨斯号飞船，飞回地球。

马克从昏迷中醒来，发现火星就剩他一人。他检查装备后，发现食物只够一年，而最快的救援也要四年后到达，他需要种土豆来解决食物问题。他在栖息舱改造土壤，制造氢气和水。氢气泄漏发生爆炸，马克逃过一劫后，终于解决了水的问题。

就在地球上悼念马克时，NASA 总部里有人通过火星照片判断马克还活着。

马克发现，即使土豆丰收，他也挺不过四年，于是他计划前往 3 200 千米外的玛尔斯四号登陆点，找逃离舱的通信设备。他改造漫游车，带上太阳能电池板、核反应堆、食物和水上路了。最终，在全人类航天人努力下，火星救援圆满成功！

节选

幸运的是，我已经有很准确的时钟。我视线内就有四台电脑，我还有火卫一可以对照。

火卫一与火星的距离实在是近到一个荒唐的地步，不到一个火星日，火卫一就可以绕火星一圈。火卫一是由西往东运行（跟太阳和火卫二不同），每十一个小时就会落入地平线一次。想当然，它的移动路线也很固定。

每个火星日我都有十三个小时无事可做，等着电池充饱电。火卫一在这段时间内至少会落入地平线一次。我把它落下的时间记录下来，然后把数据输入我自己写的一个方程式里，算出我的经度位置。

所以说，要知道我的经度位置，必须要知道火卫一落下的时间，而纬度则要看到天津四①才能算得出来，必须在晚上进行。虽然不是最有效率的方法，但反正每天只要观测一次就好。每天停车的时候，我会先找出自己身在何方，记录下来，作为隔天上路时的参考。虽然只是粗估值，但到目前为止我想还算成功可行。不过谁知道呢？我脑海里出现一个画面：我一手拿着地图，一手搔着头，满心疑惑自己为什么会跑来金星上。

注释①：天津四是一颗蓝白色超巨星，天鹅座中最亮的恒星。

3. 人类对火星的改造

火星是太阳系中最接近地球环境的星球，是人类进行星际移民的目的地之一。人类登陆火星后，将对火星进行改造，把它从一个寸草不生的荒漠行星，变成第二地球。

需要从哪些方面改造火星？

大气	释放干冰，增加气压，制造氧气。
温度	利用温室效应，提升温度。
磁场	制造人工磁场，抵挡太阳风与辐射。
水	开采两极的冰盖和地下水。
土壤	去除土壤中对人体有毒的物质。
生物	先将细菌、藻类等低等生物送上火星，它们适应性强，可以制造氧气、改造大气和土壤，甚至成为人类的食物。待火星环境改造到一定程度，再将动、植物送上去，建成完整的生物圈。
其他	火星距太阳远，接收到的太阳能少，需要其他能源，如风能、核能等； 在改造完成前，火星地下洞穴可以成为人类宜居地； …… ……

经典作品

火星三部曲《红火星》《绿火星》《蓝火星》

［美］金·斯坦利·罗宾逊

故事：

《红火星》： 公元 2026 年，人类启动了火星移民计划，一支由百名科学家和工程师组成的探险队登陆火星，要将这个荒凉的星球改造成新家园。他们在火星轨道上安放了超大型的反射镜，把光线反射到火星表面溶化冰层；挖掘深井，释放热能。浩大的工程以惊人的速度在火星展开。然而，文化差异、利益冲突使他们内部产生极大的矛盾。最终，一些人武力相向……

《绿火星》： 此时的火星，因为植物的生长，使大地呈现绿色。公元 2062 年那场激烈但最终失败的叛变，粗暴地改变了星球的外貌，不过火星改造的巨大工程才刚刚开始。百人探险队经过战乱早已折损大半。他们之中部分人坚持火星应维持贫瘠、荒凉的原始之美，由诞生于火星的新生代传承下来。为了实现自由火星的目标，他们与新生代一起从事地下反抗运动，紧张对立的情势持续升高，革命一触即发……

《蓝火星》： 公元 2128 年，火星解放了。他们推翻了地球的统治，避开了内战，创立了全新的宪法与政府，自由火星诞生了。

火星展开大规模建设，如今，这颗星球一片生机盎然，出现了蔚蓝的海水与天空。然而，此时的地球经历了洪水肆虐、文艺复兴，以及随之而来的人口爆炸。地球移民问题，使地球与火星之间弥漫着一股紧张、危险的气氛，人们不安地等待着崩溃的巨响……

13 过关打卡点

咕噜登上了火星，遇到了中国第一台火星巡视器（　　）号，它是由火星探测器（　　　）带上火星的。

答案 祝融、天问一号

第三关 气态星球们

咕噜（愁眉苦脸）：听说我们国家要进行木星探测。

还行：是啊，这是好事，你愁啥呢？

咕噜：要是从木星上采集木头回来，路过火星会不会被火烧掉？

看看太阳系行星示意图，外围四颗个头大的行星都是气态行星，从外到内分别是海王星、天王星、土星和木星。它们被统称为类木行星。

类木行星个头都大，在这些庞然大物面前，地球显得太小了。

太阳系行星示意图

伽利略号

伽利略号，人类首颗木星探测器，从地球出发飞行了 6 年，飞过约 45 亿千米的路程后，在 1995 年 12 月抵达环木星轨道。它在轨道上工作到 2003 年，才坠毁在木星上，结束了自己的使命。

木星

土星

天王星

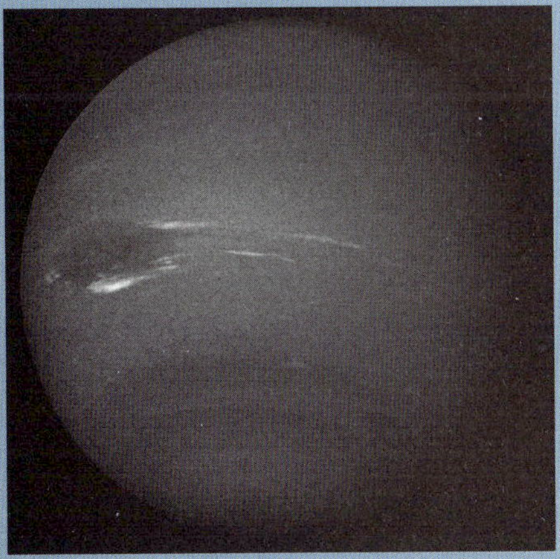

海王星

在这些行星上，可能会发生哪些故事呢？那得首先把人类送上去看看。

木星有著名的风暴“大红斑”——这是一个巨大的风暴，可以容纳四个地球。木星上有超强的风暴，地球上的台风在它面前，只能算微风。所以，风暴会把你撕碎。如果你侥幸躲过风暴，接下来要面对的是雷暴。木星的磁场比地球强许多，你将被五雷轰顶，连渣儿也不剩。如果你又幸运地躲过了雷暴，接着将面临超强的气压和高温，就算你是钢筋铁骨也受不了。

那土星呢？土星表面是旋转的气体和液体，压力极大。宇宙船无法降落。行星内部的极端压力和温度会压碎、融化和蒸发试图飞入行星的一切航天器。

天王星和海王星上的风更大，而且因为离太阳太远，冷得可怕。你不会想登陆它们的。

既然登陆不了，还有啥好玩的可以写科幻呢？

电影《流浪地球》中，有一段点燃木星的剧情，现实中的木星上没有足够的氧，肯定是不能点燃的。但是如果木星和土星相撞，组成它们的氢会不会发生核聚变，成为一颗小太阳？虽然相撞后的质量更大了，但还是远远不够临界质量。不过科幻小说中可以想别的办法，例如在科幻小说《2010 太空漫游》里，超级文明就直接将木星变成了恒星，用它的光和热，养育木卫二上的生命。

木星在宇航类科幻小说中还是重要的“加油站”，不仅可以为核聚变飞船补充氢和氦等燃料，还可以利用“引力弹弓”效应，为飞船加减速。就像在滑冰的时候，同伴推你一把为你加速。在科幻小说《三体》中，木星基地就是人类太空军的加氢站；外星探测器也是利用木星的“引力弹弓”效应减速的。现实中，人类飞往外太阳系的那些探测器，都利用了几颗大行星的“引力弹弓”效应加速。

木星、土星这类大行星，虽然人类不能直接登陆，但它们的卫星不仅可以登陆，有些甚至还拥有孕育生命的条件。

我们的地球只有一颗天然卫星，而木星和土星的卫星却是个大家族。目前发现的木星的卫星有79颗，土星的卫星有82颗。

木卫二

这些卫星中有几颗具备支持生命的必要条件：

木星的卫星	木卫二	冰层下有液态水的海洋，稀薄的大气由氧气组成。
	木卫三	木卫三含水量是地球的 10 倍以上，是太阳系内已知的最大水库。
	木卫四	有稀薄的大气，可能存在地下海洋。
	木卫六	有液态甲烷形成湖泊或海洋，和丰富的碳化合物。
土星的卫星	土卫二	一颗被冰覆盖的卫星，冰下存在液态水。化学成分类似早期地球。
	土卫六	土卫六又叫泰坦，是唯一拥有浓密大气层的卫星。表面非常寒冷，有液态甲烷和乙烷构成的湖泊或海洋。

经典作品

《泰坦的故事》［中］凌晨

故事：

作品以胎儿的视角，讲述了妈妈在爸爸工作的土星气站生下自己的故事。爸爸因为临时任务去了土卫六，不能陪伴他出生。在土卫六，爸爸去回收一个催化剂罐，里面有一种细菌，将土卫六的甲烷转化为二氧化碳，改变其大气结构，增加气温，并在土卫六的海洋中，作为丰富有机物的催化剂，创造新生命。

节选

地球生命起源模拟实验，曾经在地球的一些实验室进行过。研究者模拟地球早期大气层并通电引爆，真的得到了一些蛋白质，但由此认为生命就这样起源，却遭到了强烈反驳。因而，一些研究者迫切希望到与早期地球大气环境相似的土卫六上来，用 30~50 年时间，在指定的土卫六地区采取天然方式创造生命。

经典作品

《有去无回》［美］克利福德·西马克

故事：

福勒利用一台变换器，将五个考察队员变换为适应木星恶劣环境的新生命形态，派他们去木星考察。然而，陆续派出的队员全都有去无回。人们指责福勒派手下去木星白白送死，福勒决定带上自己的狗，亲自去木星查找队员们没回来的原因。他变形以后，发现木星的环境变得非常舒适，自己各方面都比作为人类更强了。

节选

因为人没有受保护又处于天然形体的时候将会被木星上每平方英寸一万五千磅的巨大压力所毁灭，与这压力相比，地球海底的压力太小了，简直像个真空。

即便是地球人所能研制的强度最大的金属，在那样的压力下，在压力和永远涤荡着木星的碱性雨水作用下，也无法存在。这种金属变得松脆而且容易剥落，就像泥土一样碎裂，要么在小溪流和含有氨盐的水坑里漂走。只有提高这种金属的硬度和强度，增加其电子拉力，它才能承受高度几千英里的气体的重量，这些组成行星大气的气体涡动着，令人窒息。即便做到了这一步，每样东西都还必须镀上一层刚硬的石英以便防雨，这种苦雨实际上是液态氨。

第四关 太阳系边缘

冥王星的图片

咕噜：还行，听说冥王星刚发现的时候，也被列为行星？

还行：是啊，当时有九大行星。2006 年根据新的行星定义，冥王星被降格为矮行星了。

咕噜：哦，怪不得冥王星照片上那颗心，破碎了。

天文学中把太阳到地球的平均距离，定义为“1 天文单位”。遥远的海王星距离太阳约 30 天文单位。再往外就是外太阳系了，这里虽然是太阳系边缘，但离太阳系的边界还远着呢？

从距太阳 30 天文单位的海王星轨道，向外伸展到 55 天文单位，这里有一圈类似小行星带、但天体更多也更密集的圆盘状区域，叫“柯伊伯带”。冥王星就属于柯伊伯带天体。

这里也远远不是太阳系的边界，距离太阳约 50 000~100 000 个天文单位的地方，有一片包围着太阳系的厚度约 1 光年的球体云团，由 50 亿年前形成太阳及行星的星云残余物质组成，称为“奥尔特云”，这里是彗星的老家。

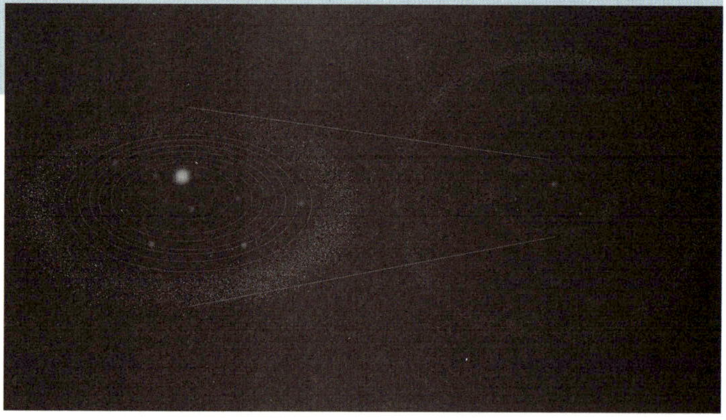

柯伊伯带与奥尔特云示意图

由于奥尔特云距离我们太遥远，目前还没有探测器能到那里，所以只是科学家的假想，并没有证实。人类发射的探测器到哪了呢？

飞离地球最远的 5 颗探测器：

名字	发射时间	飞离地球距离（截至 2021 年 5 月 13 日）	造访过的星球
先驱者 10 号	1972 年 3 月 2 日	约 193 亿千米	木星
先驱者 11 号	1973 年 4 月 6 日	约 156 亿千米	木星、土星
旅行者 1 号	1977 年 9 月 5 日	约 227 亿千米	木星、土星
旅行者 2 号	1977 年 8 月 20 日	约 189 亿千米	木星、土星、天王星、海王星
新视野号	2006 年 1 月 19 日	约 74 亿千米	冥王星

2018 年，旅行者 2 号在太阳系边缘遇到了一堵三万多度的高温“火墙”。太阳风在这里跟来自星际空间的各种辐射和星际粒子高速碰撞，形成了非常高的温度。当然，旅行者 2 号并没有被烧毁，因为这些粒子非常稀疏，不会对探测器造成影响。

旅行者 2 号穿过的这堵“火墙”，并不是困住人类的牢笼，而是一个“保护罩”，可以过滤掉一些宇宙射线，减少星际介质对太阳系内的影响。

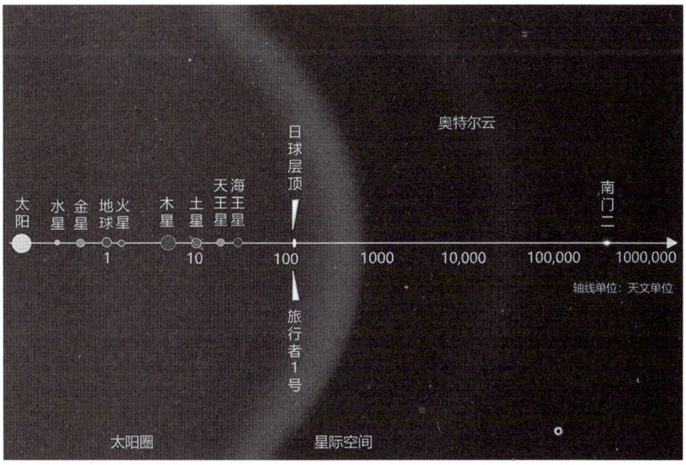

太阳系边界图，数轴的单位是天文单位。太阳到地球的距离 149 597 870 千米为 1 个天文单位。

经典作品

《水晶天》［美］戴维·布林

故事：

《水晶天》设定在太阳系周围有一圈“水晶天”，像蛋壳那样，飞船撞上就会毁坏。很久之后，人类终于冲出了这层水晶天，去别的星系寻找新家园。人们才明白，水晶天只能从内部打破，而在外部则不行，它其实是保护了弱小的文明不受侵害。

节选

我们后来发现，这是由于死亡带包围了太阳系，从而使我们原始的祖先免受外来的侵略……这样，我们才能在这个世界的摇篮中慢慢成长、成熟，成了一个和平的、孤独的种族。

如果没有水晶天的话，那么第一个星际旅行的种族就会散布到整个银河系，也许还会遍布整个宇宙。如果没有这个障碍的话，我们人类也会这样做的。那么世界历史将彻底改变，而由此引起的伤亡，将是无法想象的。

因此，水晶天保护了各自的世界，使其中的智慧生物发达到能从里面向外冲破保护层。

我们都知道太阳系有八大行星，第九大行星原来的头衔是属于冥王星的，2006 年才被降格为矮行星。作为太阳系边缘最著名的星球，它是科幻小说中的常客。例如《三体》中就把人类文明的博物馆建在冥王星上。

旅行者号携带的金唱片

这张特制的金唱片贴在旅行者 1 号和 2 号的外面。唱片上刻有特别的图案。唱片中录有地球上婴儿哭声、接吻、滑浪、风、雷以及包括鸟鸣及鲸鱼歌声在内的动物叫声等，以及来自不同文化及年代的音乐、地球人使用 55 种不同语言说出的祝福句子，还有 115 幅照片。

金唱片

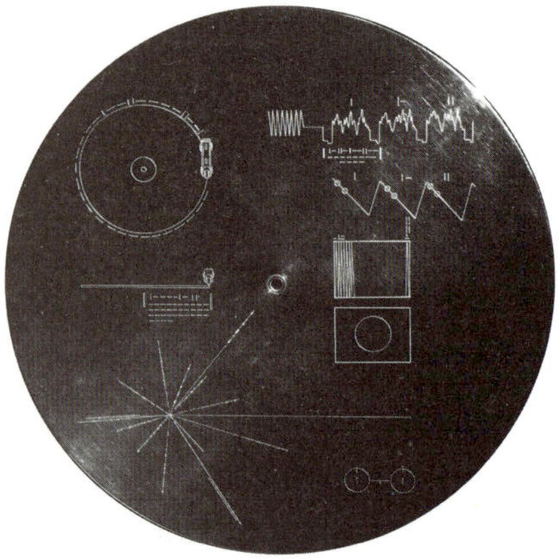

经典作品

《**蛛丝**》［英］史蒂芬·巴克斯特

故事：

娜娃和戈比的飞船因意外降落在了冥王星上，娜娃看到在冥王星和卫星卡戎之间有一张蛛网。他们在等待救援时，在冥王星上发现了一些像雪花的物体。娜娃还发现这些雪花原来是生命，还会下蛋。为了保护这些生命，两人用非常危险的方式离开了冥王星。途中他们发现孵化的雪花沿蛛丝飞向卡戎。

节选

娜娃站在冥王星表面上，增压服的绝缘效果很好，但是还是有很多热星泄漏出去，在她的脚步周围产生一此致氮云，嘶嘶作响，她走过的地方，冰上的陨石坑就燃起来了。上面的引力只有地球引力的百分之几，娜娃出生在地球，感觉好像会被吹走。

在她头上有云：缥缈的卷云、烟雾状的云团悬浮在氮气和甲烷气层中。云层也阻挡了灰白色星星的光线。从这里，太阳和月亮，卡戎（冥王星的卫星）都被行星的大体积遮住了。天是黑的，黑色中的黑色，能看见的被破坏的地表就只有星光中的一轮廓。

…… ……

冥王星和它的卫星双子座卡戎一样，是一个岩石球状物，被厚厚的水冰和氮冰的地蔓覆盖，四周是甲烷、氨气和在机化合物。就像是一个巨大的、稳定的彗核；它几乎算不上是“行星”，还有比冥王星更大的卫星。

这张唱片像是一个漂流瓶，等待外星文明捡拾到并成功打开。唱片中录下的这段话代表着人类的心声：

“这是一份来自一个遥远的小小世界的礼物。上面记载着我们的声音、我们的科学、我们的影像、我们的音乐、我们的思想和感情。我们正努力活过我们的时代，进入你们的时代。”

唱片封套上还有一块高纯度的铀 238。它衰变为钚 239 的半衰期约为 41.7 亿年，这样得到唱片的外星文明就能推算出探测器的发射日期。

旅行者 2 号全景图

宜居行星

宜居行星，指适合人类生存的行星。一般需要行星的轨道处于宜居带，不太冷也不太热，使表面能存在液态水，还要有大气等维持生命存在的条件，重力也要跟地球差不多。当然，如果是一些大行星的卫星上拥有宜居条件，也可以算在内。

2020 年，《天体生物学》杂志详细介绍了 24 颗距离地球超过 100 光年的“宜居”星球。其中一些星球比地球更古老、更大、更温暖、更湿润一些。它们围绕的恒星寿命比太阳更长，生命体可能更容易在这些星球生长。“宜居”的判断标准包括行星年龄、质量、体积、表面温度、是否有水、与恒星距离等。根据这些标准，从 4 500 颗已知地外行星中筛选出 24 颗“宜居”行星。

不过这里所谓的宜居，并不是说这些星球上一定有生命，仅表示它们的条件有利于生命生存。行星不发光，找起来非常困难，测量的数据也未必准确。尤其是它们都离地球很远，超过 100 光年，短期内人类肯定是不可能过去一探究竟的，更不可能移民。

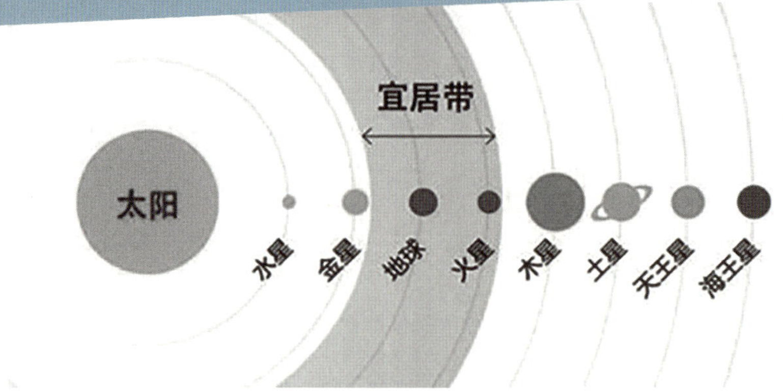

图：太阳系宜居带示意图

思考：

假如在宜居行星上发现了低等外星生命，而人类向那里移民，虽然可以为人类文明做备份，但免不了会破坏外星生命的生存环境。那么人类该不该移民？

假如外星文明处于和人类相当的水平，我们应该与他们联系吗？

如果他们主动联系我们，我们应该回复吗？还是像《三体》中说的“不要回答”？

如果人类掌握了星际远航技术，移民到宜居行星，这里的环境必然与地球有或多或少的不同，而且与地球相隔遥远，移民们在新家园会模仿地球上生活，还是追求新生活？

虽然第一批移民可能会把地球视为根，但他们的后代未必这样想。假如移民的后代在不同环境中，独立进化为一支新的物种，他们将会如何看待地球人？地球人又如何看待他们？

宜居行星总不会与地球环境完全一样，比如有的重力大点，有的大气成分不同，人类是应该改造行星，还是利用基因技术改造自身，使之更适应环境？

这些都是相关科幻创作的好素材。

开普勒星球的概念图

开普勒太空望远镜发现的开普勒 452b 行星与地球的相似度高达 98%，也拥有大气层和流动的水，绕着一颗与太阳非常相似的恒星转动。452b 的轨道半径和地球差不多，转动周期比地球多二十天，处于宜居带内。表面的大气层比地球厚，表面气温也比地球高一点。除了距离地球 1 400 光年有点远，它简直是完美的人类移民地。

14 过关打卡点

太阳系包括太阳、八大行星及其卫星，还有位于火星和木星轨道之间的（　　　）、海王星轨道以外的（　　　）和（　　　）。

答案

小行星带，柯伊伯带，奥尔特云

第五关 黑洞与暗物质

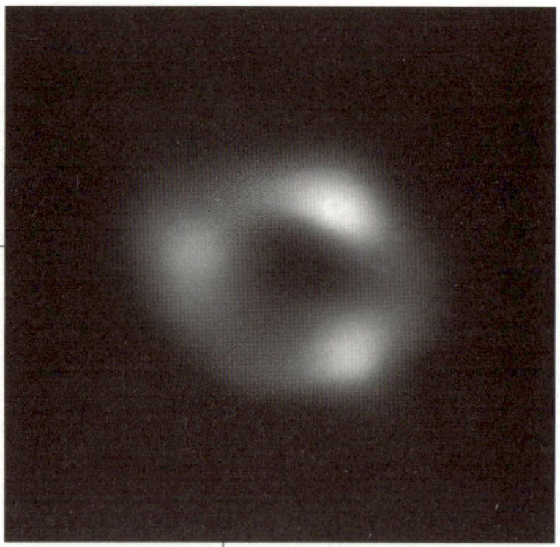
银河系中心黑洞照片

黑洞是引力极其强大的天体，连宇宙中最快的光，都无法从中逃脱。

这种非常奇特的天体，最初是由爱因斯坦的广义相对论预言的。2019 年 4 月 10 日，人类第一次拍到了黑洞照片。2022 年 5 月 12 日，我们所在的银河系中心黑洞，质量是太阳 400 万倍的人马座 A* 的照片，也被拍到了。

需要注意的是，这张照片并不是我们用肉眼可以看到的黑洞样子，因为它是用射电望远镜拍摄，不是可见光。

假如我们来到黑洞附近，用肉眼看到的黑洞可能是什么样子呢？

2014年由克里斯托弗·诺兰导演的科幻电影《星际穿越》，将黑洞的样子呈现了出来。

科幻电影《星际穿越》

故事：

地球环境恶化，农作物歉收。曾是航天员的库珀，在女儿房间里神秘的坐标指引下，来到航天基地，与同事乘飞船穿越了土星附近的虫洞，来到一个以黑洞“卡冈图雅”为中心的行星系统，寻找宜居行星。他们降落到行星上，因黑洞强大引力造成的时间膨胀，在行星上只过了几小时，地球已过了 23 年。墨菲已长大，加入了拯救人类的计划，但重力方程因缺乏黑洞奇点的数据而无法完成。库珀驾驶飞船驶入黑洞，发现自己身处一个非线性流动的五维时空中。原来是未来的高级人类文明，创造了虫洞，以拯救过去的人类。以前女儿房间神秘的坐标正是库珀自己发送的。他把取得的黑洞数据以引力波的形式传到了墨菲的手表上。墨菲完成了方程，使人类离开地球，前往空间站居住。库珀被送回太阳系，此时他已离开地球 91 年，与年老的墨菲重逢。

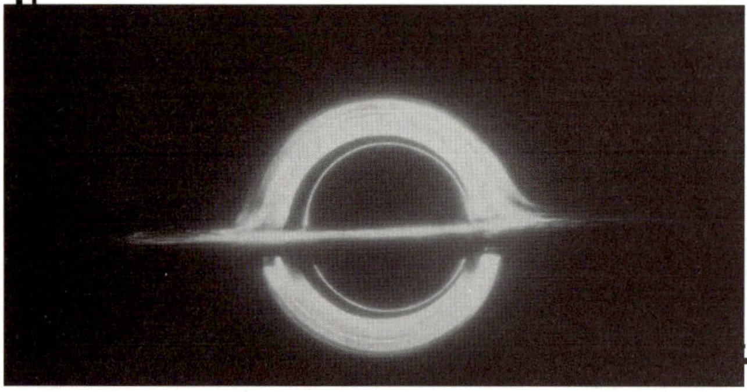
科幻电影《星际穿越》中的黑洞

经典作品

《星空》 [美]盖伊·哈森

故事：

男孩知道离开巨大的金属圆柱体隧道就会死，可爸爸去了外面，但他相信爸爸会回来。在他的追问下，妈妈讲起了往事。

100万年前，人类来到神天黑洞，并在附近的行星“内隆三”发现外星人。外星人将“掌控粒子”播种到黑洞，并建造了一个边长10光年的正方体。

10万年的播种后，外星人走了，人类追不上他们。为了对抗黑洞引力，外星人的正方体产生了强磁场，并以指数级增强，撕碎了飞船，还将内隆三行星表面的金属吸向太空。人类的后代在圆柱形隧道里幸存下来。

爸爸离开隧道是要看是否有人发信号。他果然回来了，还带回来一个降落到内隆三的人类。原来一百年前，磁场就消失了，外星人也回来了。随着黑洞变小，星星又回到了天空。

节选

“你瞧，每个人通常总是会被黑洞的引力吓倒，但是他们忘了还有更强大的东西。其实电磁力是黑洞引力的数十亿倍！那就是说，你可以用足够大的磁铁——甚至不用和黑洞一样大就行——来抵消黑洞的引力。

科学家们确信内隆人播种到黑洞里的粒子应该是某种有电磁感应作用的粒子。墙可以把黑洞里的每件东西扯开！

磁力可能无法作用到黑洞的中央，因为深入黑洞中心的物体可能已经失去了控制。但是在黑洞外部的一些物体，墙可以作用于它们，从而慢慢地增加黑洞的半径。

要知道，对黑洞来说半径就是决定性因素。

要想逃离一个黑洞就意味着物体的逃逸速度要大过光速，可是没有任何物体可以快过光速，所以也就没有什么东西可以逃离黑洞。但是逃逸速度并不仅受到黑洞质量的影响，它还受到黑洞半径的影响！如果你能令黑洞的半径加大，把里面的东西拉开，你其实就是让黑洞缩小了！花了近40万年的时间这才见成效。从那时起，每隔10年或者那么多年天上就会出现一些星星；那些被黑洞隐藏从前从未看到的星星。我们认为这些星星就是一度在黑洞里面的星星！”

除了黑洞，宇宙中还存在许多未知。科学家在观测遥远星系的时候，发现一个奇怪现象，许多星系的旋转速度太快了。按照牛顿的万有引力定律计算，这样快的速度，星系中的物质会脱离星系的引力，从星系中甩出去。但观测结果并没有被甩出去。于是科学家猜测，一定有一种看不见也摸不着的神秘物质，提供了额外的引力。于是把这种未知的物质叫作“暗物质”。科学家还发现，暗物质的总质量，大约是普通物质的5倍还多。

经典作品

《人生不相见》[中]何夕

故事：

人类掌握了虫洞技术后，制定了“乐土计划”，向已知的200多颗类地行星，派送一批先行者探路和生态适应，20年后由地球进行验收，确定这颗星球是否适合人类居住。先行者是改造后的人，拥有和人类相同的情感和智慧，以及繁衍能力，承担了观测行星与生态改造使命。

里海星是乐土计划中一颗宜居星球，20年前，验收官于岚和两名同事出了事故，计划被迫停止。20年后，何夕、范哲、叶列娜三人再次执行这一计划。何夕带着对恋人于岚的思念，三人来到里海星，看到一颗表面全是水的星球，是人类生存的适宜环境。

但很快他们发现了异常，这里的先行者们掌握了不该掌握的知识。尽管何夕很警惕，还是差点被先行者用毒气杀死。他清醒后，见到了于岚。原来20年前里海星的事故是谎言。真正的原因是因为里海星的辐射，先行者不能与人类繁衍后代了，他们将成为两个不同的物种。20年前的验收官要杀死先行者，于岚不同意，认为他们也是人，争执中两名验收官杀了几十位先行者后被杀死。

于岚想起当年的惨状晕了过去，何夕趁机将信息发给地球。地球下达命令，飞船用病毒杀死了所有的先行者。于岚发现两个先行者孩子幸存了下来，于是她没有跟着何夕回地球，而要守护着他们。何夕也发现了两个孩子，但他决定帮于岚隐瞒。两人隔着屏幕告别，永远不再相见。

节选

飞船已进入近地轨道。从舷窗往外看去，大半视野里都是里海星，它静谧地转动着，丝丝缕缕的云带间断连环，勾勒出大致的大气运动图案。叶列娜眼光扫了一下控制台，信号已经发出，但是还没有收到任何回应，这显得有些不正常。虫洞跃迁结束后是一段常规航程，大约四天后才能抵达里海星，宇航员进行的培训就是为这种常规航程准备的。叶列娜转头欣赏舷窗外的风景，她已经知道由于没有大陆，里海星的气候是比较温和的，除了在赤道附近偶尔形成台风外，基本上没有极端的气候状况。由于没有大陆的阻拦和消减效应，台风在里海星的存续时间比在地球上长很多。不过就算是台风，也对绝大多数生灵构不成威胁，巨量的液态水保护了所有生灵，但是，这真的是种保护吗？

“我还是怀疑水星球能永远封锁智能生命的产生。”叶列娜看着何夕，“如果时间足够，也许生命会找到一条我们未知的进化道路。”

“我以前也这样想过，但你能告诉我在水星球上怎样得到火吗？不是稍纵即逝的像闪电那种，而是持续不断的能被使用的火。”何夕的声音变得低微，“燃烧的三个条件是有可燃物，与氧气接触，温度达到可燃物着火点。在水中没有游离氧，而且水温也低于多数可燃物的着火点，自然条件下无法获得火。至于现在人们实现的水下燃烧实际上是基于精巧设计的机器，这种火其实是智慧的产物了。”

第四科幻宇宙

名称
科技果

传送地
博物馆
进城密码
求知

准备科技树

同学们都去过博物馆吧？那里陈列着人类和自然的历史。同学们能够看到人类如何从原始人一步步进化到今天。

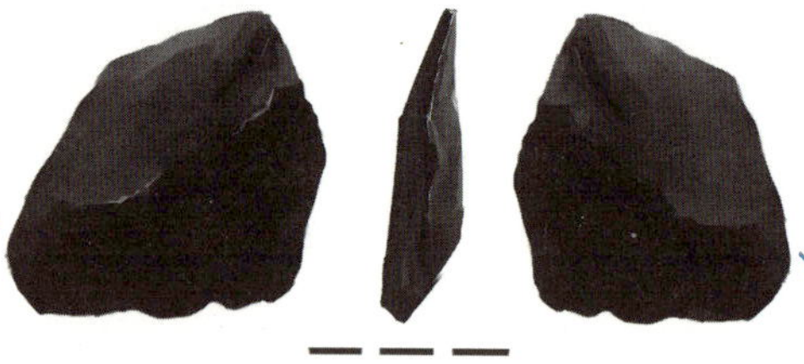

常见的石器：手斧

进化的根本原因，是科技的力量。

原始人学会了使用工具，虽然只是简单的石器，但已经远远超过了其他物种。钻木取火让人类渐渐掌控了火——这在原始社会可是高科技。有了火，原始人就能吃到热的食物，就能在夜晚得到照明，御寒取暖，还能驱赶和围捕野兽。

石器时代中，人类发明了文字，发展了农业，制造出车轮和木船。公元前 1 000 年，人类进入了铁器时代。我国在青铜的制造和应用技术上登峰造极，秦始皇甚至用青铜打造武器，武装出百万大军，横扫六国，一统天下。

我国古代的四大发明：指南针、造纸术、火药和活字印刷，都是当时科学技术的巅峰，极大地推动了社会的整体发展。

到了近代，人类的科学技术有了爆发性发展。从二百六十年前的 18 世纪 60 年代开始，持续到 19 世纪上半期。人类社会进行了第一次工业革命，有了蒸汽火车和轮船，大规模的工厂，机器取代了手工劳动，整个社会进入了蒸汽时代。也就是在这一时期，科幻小说这种新的文学形式诞生了。

紧接着第一次工业革命的第二次工业革命，将人类带入了电气时代。电动机和发电机使电取代了蒸汽，电灯、电话、汽车进入千家万户，人类开始了对石油的大规模开采和应用。

从 20 世纪四五十年代开始的科技革命，被称为“第三次科技革命”，以原子能技术、航天技术、电子计算机技术的应用为代表，还包括人工合成材料、分子生物学和遗传工程等高新技术。在这次技术变革中，人类获取了离开地球的能力，不但发射载人飞船登上了月球，还在地球高轨道上建立起空间站，向地球外空间发射了超过 4 000 颗各种用途的人造卫星。人类社会也逐渐进入了信息时代。

现在，人类社会正在用信息化技术促进工业技术的再次升级换代，进入智能化时代。

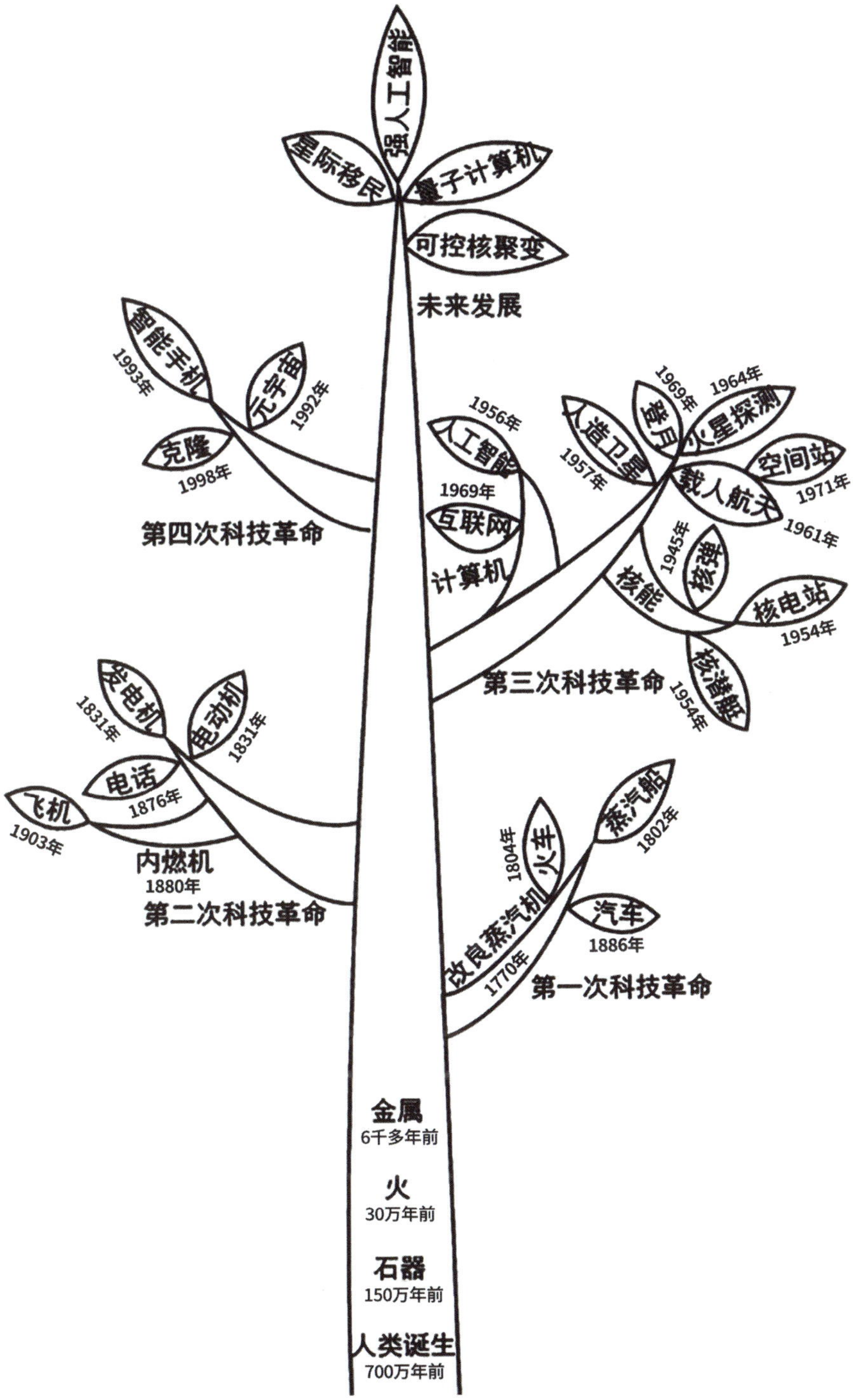

这棵人类科技发展的树状图，将科技发展的历程展现出来。

科幻小说是关注未来的文学形式。只有了解人类科技的脉络，才能展望未来人类科技的发展，才能有“幻”的想法。高科技从来不会从天而降，它需要很长的时间，从无到有，从一个想法变成一种理论、一个公式、一类产品，最终成为一种生活方式。

例：手机。现在，手机是常见的通信工具，除了打电话、收发短消息，还可以聊天、玩游戏、拍照、购物等，功能甚至比电脑还要多，是名副其实的个人智能信息终端。科技还在把更多的功能和手机绑在一起，原先出门的标配是要带好“身手钥钱”，即身份证、手机、钥匙和现金，但电子身份证、电子门锁和移动支付实现后，出门只要带一部手机就足够了。而在 1995 年，手机还是高端奢侈品，大部分中国人都没有见过。

1994 年的手机

1996 年的手机

现在，我国已经发展到第五代通信网络，5G 网络时代。5G 网速更快，容量更大，而且反应时间更是快到毫秒级别，这样的特性，推动无人驾驶、智慧农业、远程医疗、远程教育等移动应用的发展。

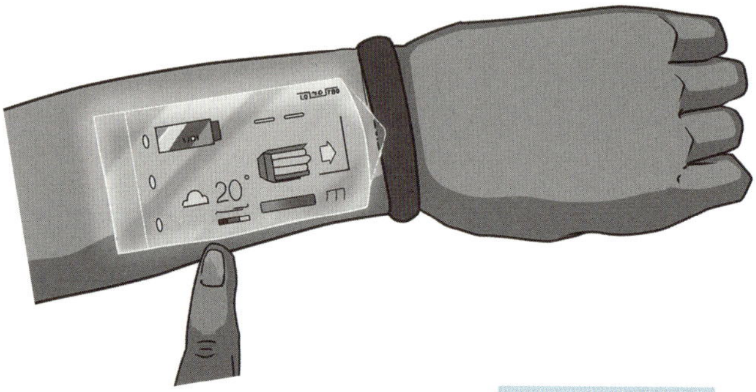

未来手机

例：高铁。提到高铁，你可能首先想到的是高速奔驰的列车“复兴号”或者“和谐号”。其实高铁是高速铁路的简称，不仅仅要有漂亮的流线型列车，更包括了一整套设计标准等级高、可供列车安全高速行驶的铁路系统。

高铁在我国发展得很快。要知道1964年10月，世界上第一条高速铁路就在日本诞生了，当时的高速列车的速度是每小时210千米。我国从2009年才开始大力建设高铁，目前已经形成了全国范围内的“四横四纵”的高铁网络，高铁速度最高达到了每小时350千米。截至2022年9月底，我国高铁的营业里程达到4.1万千米，超过世界其他国家高铁营业里程总和。我国在不到20年的时间里，就成为地球上高速铁路系统技术最全、集成能力最强、运营里程最长、运行速度最高、在建规模最大的国家。

我国高铁建造技术，面对各种复杂地质及气候条件，都没有畏缩过。在东北高寒地区有世界首条高寒高速铁路哈大高铁（哈尔滨至大连高速铁路），在西北高温、高寒、高风沙地区（部分地区全年大风）有兰新高铁（兰州到新疆高速铁路）。在西南多山地区，则遇水架桥，逢山开洞，修建了贵广高铁（贵阳到广州高速铁路），由于隧道太多，这一条高铁甚至被称为“超级地铁”。连热带高温、高湿、强腐蚀环境的海南岛，2015年也开通了环岛高铁，为东南亚乃至全球热带海洋气候建设运营高铁提供了范本。

15 过关打卡点

咕噜和还行都属于人工智能，诞生于第（　）次科技革命。

答案：三

在这个科幻宇宙中，到处都是科技果，我们摘取哪个果子来提炼“科幻”力呢？

每个果子都是一关，我们先过五关：环境保护、绿色能源、深海宝藏、新材料和长生不老。

第一关 环境保护

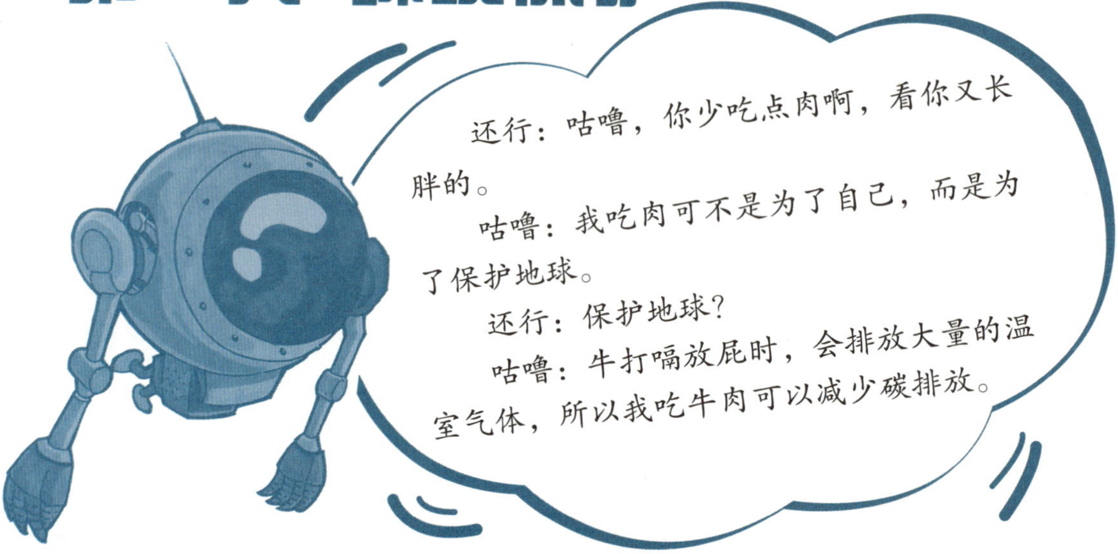

大气污染

一说到科幻，同学们最喜欢的题材之一就是环保。而一提到环保，同学们就会立刻想到：地球环境被人类污染了，得种树！

这是一种刻板印象，把幻想之路堵死了。

环境保护当然是关系全人类的大话题，重要题材。但大话题就容易抓不住重点，找不到幻想的起始点。

环境要保护，是因为目前环境已经十分恶化，主要表现是：极端气候加剧，各种环境污染加剧（包括陆地垃圾污染、海洋油气污染、白色塑料污染、空气污染、水污染等）、干旱和沙漠化、淡水危机等。

那就分解话题，逆向思维。

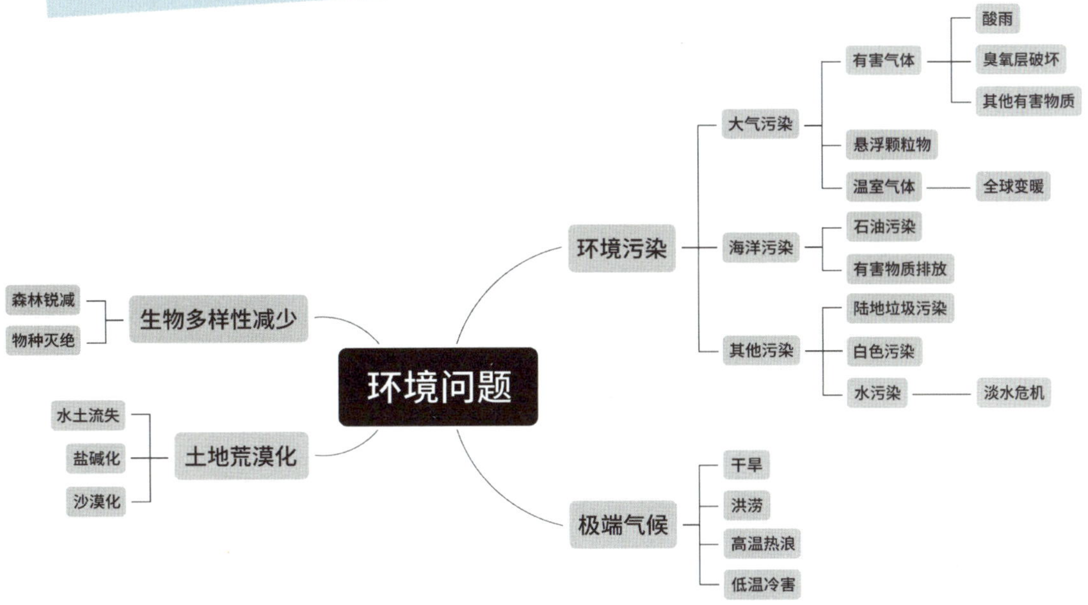

每一个现象，都可以是幻想的起始点，想象未来建立在科学基础上的解决办法。寻找这个办法的过程，实施这个办法的过程，都可以写成故事，写出来就是一篇科幻小说了。

当然不能写流水账，过程中间要有曲折、有反复、有坏人从中作梗，结果解决了问题，或者没解决问题。

画一张思维导图，就是上面这个样子。注意，每个故事只要写一种现象就可以，可不能所有环保问题在一个故事中就解决了。那就不是科幻，而成奇幻了。

科幻中的“科”，是科学知识、科学精神以及科学的逻辑。

科学逻辑告诉我们，环境保护关系到整个地球生态，它是个庞大的系统工程。我们只能一点点调整这个系统，而不能用一个发明或者发现就把整体体系搞好了。

以下这些知识，是你幻想开始的基本知识储备之一。

1 万亩森林的蓄水能力 = 造价千余万元、蓄水量达 100 万立方米的水库

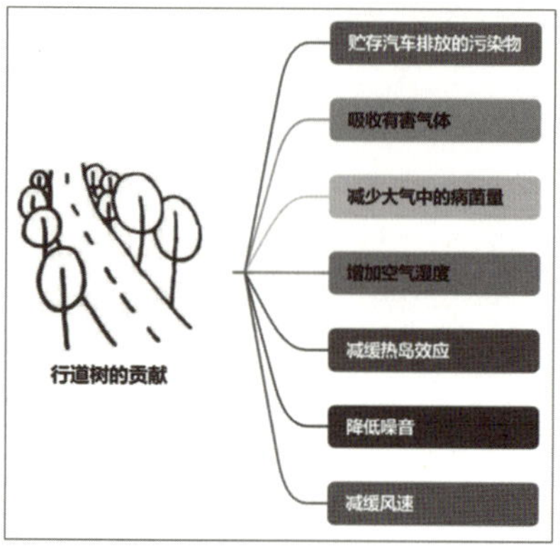

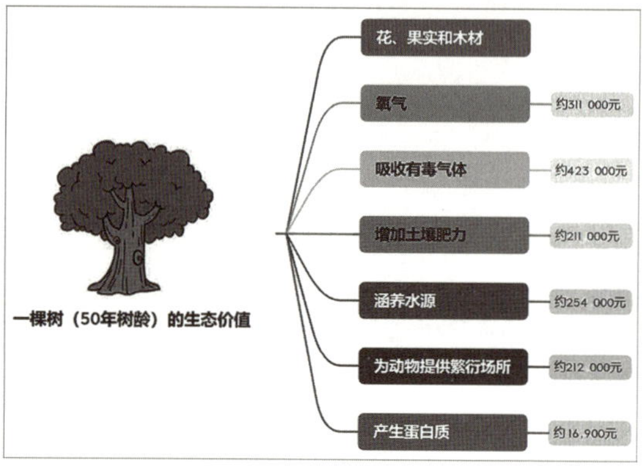

环境问题有这么多内容，那么从哪个内容入手比较合适？比如要应对极端天气，那就需要从两个方面入手：

一是治标。

就是仅仅采取一些方法应对极端天气。这些方法包括：加强极端天气的监测预警，提升减灾和应急管理能力；构建防御气候灾害的重大工程；提升全社会的防灾意识与能力。

二是治本。

指从极端天气的产生原因入手，从根本上解决问题。那就是减少温室气体排放，大力发展清洁能源，走绿色低碳发展之路。

画横线的句子，每一句都是一个幻想方向。选择任何一个，你都可以写出不错的科学幻想故事。

思维路径

选择幻想方向
↓
遇到问题
↓
确定解决方案
↓
遇到困难挫折
↓
解决困难挫折
↓
问题解决，达到目的。

下面就以《喷薄欲出》一文来说明这条思维路径。

经典作品

《喷薄欲出》 ［中］星河

故事：

张星河被导师派去一家研究所交流访学，师从同门师姐周睿波。星河前导师的研究课题是碳封存，成本高，不安全，这也是周睿波关注的问题。星河曾随导师亲历了一起事故，由于碳封存太浅，二氧化碳冲出地层，造成很大破坏，这是他挥之不去的噩梦。星河想改碳封存为碳排斥，建一个巨大的管道，将二氧化碳排到太空。在讨论会上，他的方案遭到周睿波的反对和挖苦。在周睿波不断的打击中，星河的方案越来越完善，不仅使用超轻型纳米材料制造管道，而且给二氧化碳加热，使它能顺利逃逸，还考虑了湍流的影响。论文终于被学术期刊采用了。星河在署名时，将周睿波的名字加在了前面。

节选

导师话音未落，西边果然也动作起来。被强大压力注入的二氧化碳开始膨胀，仿佛被压在地下的怪兽一般，七涌八拱的，就是不肯消停。从星河这里，甚至看出了好几次夭折的政变，那些发了疯的气体在最后一刻被上面的岩土压了回去。但谁都知道，这只是暂时的，它早晚还会破土而出。

第一个突破自然是从最薄弱的地方开始的。那附近有棵大树，根深叶茂，想必是疏松了土壤。只听一声巨响，比星河在梦里听到的那声响好几倍，随即便是喷涌而出的碳魔鬼。在它出现之前，星河似乎真的看到，土层下面有一个成型的球状物正在向外涌动；但等它破土而出之后，假象就不复存在了，变成一股冲天气流，如井喷一般直冲云霄。接着，第二个、第三个……一个个连锁喷涌出现了，形成一排壮观的喷泉集群。

节选

假如真建起这么一条高耸入云的管道，并将静态二氧化碳气体注满其间，总质量会高达上千万吨。别说没人能挪动它，就是压也会把人给压死。但假如一开始就采用动态注入的方式，予以持续加热，让这些令人窒息的分子像流水席上的过客一样，有序上升，鱼贯而出，必将顺利逃往外太空的自由世界！

…… ……

现在矗立在星河眼前的，就是这样一根大金喇叭，只不过被放大了上百倍。在灿烂的阳光下，它散发出耀眼金光真的在向四下飞射。它的顶端开口在平流层外，它的末端入口在地球表面。通过各种方式收集到的二氧化碳，从入口被注入进来，排队向上行进，最终释放到宇宙空间当中。

分析：

作者的思维路径如下

选择幻想方向：	减少温室气体排放
遇到问题：	被封存在地下的二氧化碳冲出地层，造成很大破坏
确定解决方案：	改碳封存为碳排斥，建一个巨大的管道，将二氧化碳排到太空。
遇到困难挫折	达到了将多余的二氧化碳排出地球大气层的目的。
解决困难挫折	
问题解决	

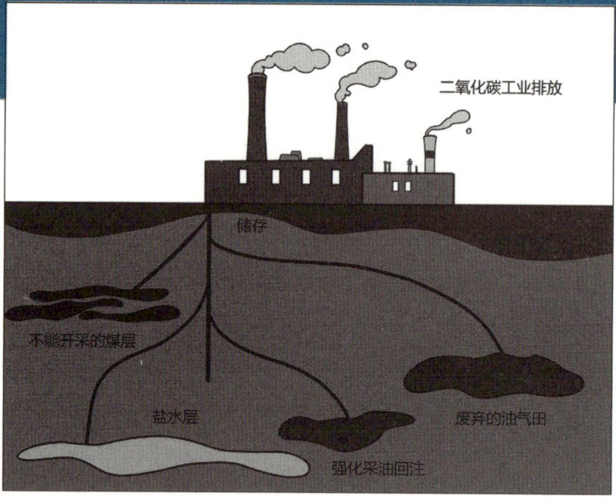

二氧化碳封存示意图

图中，工厂排放的二氧化碳被输入地下封存起来，二氧化碳就不能污染大气了。这种方法就叫作二氧化碳封存。森林、海洋、地下、化学反应器等都可以作为二氧化碳的封存之地。封存需要专业技术，可不是件简单的事情。

16 过关打卡点

咕噜打扫卫生时，将垃圾分为四类：（ ）垃圾、（ ）垃圾、（ ）垃圾、（ ）垃圾。

答案

可回收、厨余、有害、其他

优秀的科幻作家，构思应对极端气候的科幻小说时，往往会即治标又治本，从人类的大局出发，提出一整套应对方案。

刘慈欣就提供了这样的方案：制造一颗中国太阳。

经典作品

《中国太阳》［中］刘慈欣

故事：

来自西北干旱农村的水娃，在进城打工途中认识了做纳米材料的庄宇，他们从电视新闻中得知中国太阳工程启动。水娃来到北京，成为高空清洁工。庄宇成为中国太阳工程的首席科学家，建成的中国太阳用于调节气候，给西北干旱地区带来降水。水娃受庄宇邀请前往太空为中国太阳做清洁工，成为独一无二的镜面农夫。二十年在太空的工作，让水娃具有了全球化视野。当中国太阳完成使命后，水娃建议将它改装为太阳帆，进行恒星际航行。水娃的建议被采纳了，他与志愿者们驾驶中国太阳风帆向太阳系外飞去，重新点燃了人类的星际宇航梦想。

节选

“这个人造太阳可以以多种方式影响天气，比如通过改变大气的热平衡来影响大气环流、增加海洋蒸发量、移动锋面等等，这一两句话说不清楚。其实，轨道反射镜只是中国太阳工程的一部分，另一部分是一个复杂的大气运动模型，它运行在许多台超级计算机上，精确地模拟出某一区域大气的运动状态，然后找准一个关键点，用人造太阳的热量施加影响，就会产生出巨大的效应，足以在一段时间内完全改变目标区域的气候……这个过程极其复杂，不是我的专业，我也不太明白。”

节选

时光飞逝，二十年过去了。这二十年中，水娃和他的伙伴们从三万六千公里的高度清楚地看到了祖国和世界的变化，他们看到，三北防护林形成了一条横贯中国东西的绿带，黄色的沙漠渐渐被绿色覆盖，家乡也不再缺少雨水和白雪，村前干枯的河床又盈满了清流……这一切也有中国太阳的一份功劳，它在改变大西北气候的宏大工程中起了很大的作用。除此之外，这些年中国太阳还干了许多不寻常的事，比如融化乞力马扎罗山的积雪以缓解非洲干旱，使举行奥运会的城市成为真正的不夜城……

在应对极端气候的方法中，我提到大力发展清洁能源，走绿色低碳发展之路。对于人类，能源是生活的必须物资，非常重要。科技的发展就是人类高效利用能源的过程。

第二关 清洁能源

还行：咕噜，去奶奶家这么近，就不要坐车了。

咕噜：那我怎么去？

还行：走路或骑自行车多好，既锻炼身体，又绿色出行。

咕噜（穿了一身树叶）：我这是百分之百绿色出行了！

要实现碳中和，不仅要植树造林、节能减排，更重要的是减少化石燃料的使用，但人类的发展不能离开能源，所以需要开发绿色能源。

清洁能源是指少排放或不排放废气、废水等污染物，能够直接用在生产和生活上的能源，它包括核能和可再生能源——**水能、风能、太阳能、生物能、地热能、潮汐能、氢能、燃料电池等。**

中核集团河南大石崖风电场
（图片来源：中核集团）

中核集团新疆莎车光储一体化项目

中核集团云南龙江
水利枢纽

中核集团秦山
核电基地

（本页图片来源：中核集团）

与清洁能源相反，不清洁能源一般是指燃烧后会产生大量废气、废水、废渣等，导致环境污染的能源，**如：煤炭、石油、秸秆等传统能源。**

这些能源作燃料时，对环境的伤害有以下三大部分：

◆排放大量二氧化碳，引发大气升温的温室效应；

◆排放包括二氧化硫、一氧化氮、一氧化碳等在内的有毒气体和烟尘，引起酸雨、雾霾等对人体有害的环境污染；

◆煤炭、石油等化石燃料的过度采掘，导致环境恶化。砍伐树木、干草等作燃料，则会导致水土流失。

将清洁能源和不清洁能源做表对比，不清洁能源的坏处一目了然。

分类	能源	二氧化碳	有毒气体	烟尘	资源枯竭	水土流失
清洁能源	水能	无				
	风能	无				
	太阳能	无				
	生物能	无				
	地热能	无				
	潮汐能	无				
	氢能	无				
	燃料电池	无				
	核能	无				
不清洁能源	煤炭	有	有	有	有	无
	石油	有	有	有	有	无
	天然气	有	有	无	有	无
	秸秆、稻草、木材	有	有	有	无	有

选择一种新能源
↓
根据现有科技水平构想这种新能源会遇到的问题
↓
确定解决方案
↓
遇到困难挫折
↓
解决困难挫折
↓
问题解决，达到目的。

我们看看美国科幻作家海因莱因是如何来构建新能源的。他将我上面的思维路径更具体为：

发明新能源
↓
效率太低
↓
改进技术
↓
被坏人利用
↓
挫败坏人的阴谋
↓
造福人类

经典作品

《要有光》［美］海因莱因

故事：

科学博士道格拉斯接到电报，生物化学家玛丽博士要来他的实验室。玛丽发现萤火虫发光时对能量的转化率远高于白炽灯，想和道格拉斯一起研发一种新材料，只发出可见光，而不浪费能源。道格拉斯父亲的工厂因电价原因要破产了。道格拉斯与玛丽受新材料启发，发明出效率极高的太阳能电池板，解决了电价问题。但此事触动了能源领域的既得利益者，新发明的应用遭到阻挠。道格拉斯与玛丽最后决定将技术公开，引发了人类的能源革命。

节选

我们做的是只在接收到可见光时振动的屏幕，我想我们也能造出并不只限于可见光的屏幕——它在任何波长下都会振动，那它就会吸收所有辐射能量，并将其转换为电能。正午时分，这个屋顶范围内或许就能产生一千马力。然后，我们还得用电池组来储存电能，用于阴天和夜间工作。

现在，科学家们仍然不断寻找着新能源，为大众带来经济高效的发电方案。

膝盖动能收集器：表面像个护膝，实际是通过内置齿轮装置，将膝盖旋转的动能转化为电能的发电机！

动能回收系统：安装在地板砖下，将人们走路对地板的压力通过齿轮储存起来，然后通过电磁感应将动能转换成电能。

走路发电鞋：鞋子内嵌两个能量采集器："震动感应器"和"摆动感应器"，将走路时对路面的压力转变为电力。

17 · 过关打卡点

2020年，中国在第75届联合国大会上提出：中国将力争于2030年前实现碳达峰，努力争取2060年前实现碳中和。

2021年国务院政府工作报告中指出：扎实做好碳达峰、碳中和各项工作，制定行动方案，优化产业结构和能源结构。

这里所说的"碳达峰"与"碳中和"中的"碳"，主要指的是（　　）气体的排放。

答案 二氧化碳

第三关 神奇材料

还行：咕噜，孙悟空为什么在炼丹炉里烧不化呢？

咕噜：那时候炼丹炉是煤炭炉，最高只能达到 1 200℃左右，而孙悟空是石猴，主要成分是二氧化硅，熔点在 1 600℃左右。炼丹炉当然没法烤化孙悟空了。

还行：原来孙悟空是耐高温材料啊！

在科幻电影《流浪地球 2》中出现的太空电梯，可是好多科幻作家梦想的最方便快捷的太空交通工具。不过，在碳纳米管出现前，太空电梯只能是科幻想象。因为只有又坚韧又轻巧的碳纳米管才能制造太空电梯的缆绳，并能够经受住大气层内外任何物体的撞击。

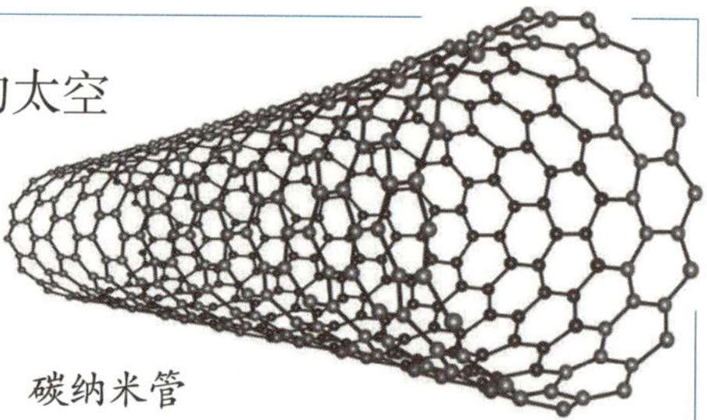

碳纳米管

石墨烯

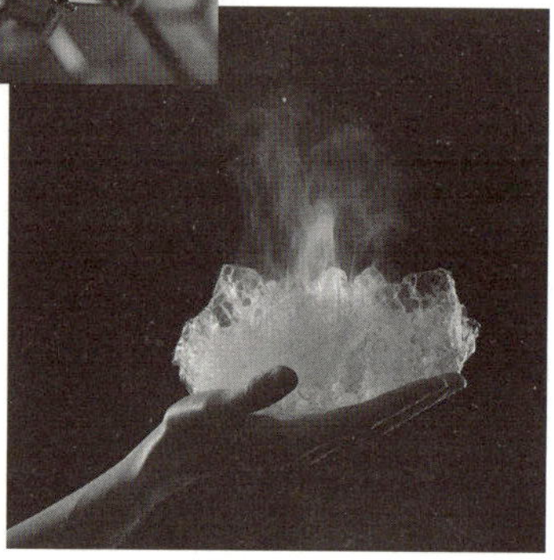

气凝胶

像碳纳米管这样在实验室中诞生的材料，还有很多。只有一个碳原子厚度的石墨烯，如同冻结了的烟雾的气凝胶，不定型、像水一样可流动的液态金属，浑身长满气孔的金属泡沫……它们的种种神奇，科学家们还在探索，也许你的想象，就能够帮助科学家找到它们的一种用途。

材料是人类用于制造物品、器件、构件、机器或其他产品的物质。它不仅伴随着人类文明的发展，甚至人类历史也可以用材料来划分，如以石头为材料的石器时代、以青铜为材料的青铜时代、以铁为材料的铁器时代等。

当今的材料学发展方兴未艾，从太空到海底，从武器到玩具，到处都有新材料的贡献。新材料被誉为“发明之母”。

下表简单归纳了一些新材料的性能和用途：

新材料	部分性能	用途举例
非牛顿流体	轻轻触摸时是液体，用力击打时像石头一样硬。	防碰撞、防弹等
隐身材料	降低被探测率	隐身涂层等
疏水材料	不粘水、有自清洁功能	防水涂料等
气凝胶	最轻的固体、隔热性好	航空航天等
仿生材料	模仿鲨鱼皮结构，减小阻力、抗菌	泳衣、抗菌材料
	模仿壁虎脚结构，产生吸附力	攀爬机器人
有机材料	如凯夫拉纤维，密度低、强度高、韧性好、耐高温、易于加工	防弹衣
转基因蛋白	如转基因蛛丝，将蜘蛛的基因转入羊体内，从羊奶中提取的蛛丝，比凯夫拉强度还高	防弹衣
复合材料	将不同性质的材料组分优化组合而成的新材料	航空航天、化工、医学等
记忆材料	改变形状后，可以恢复原来的形状	心脏支架、航天等
纳米材料	如碳纳米管，重量轻，强度远超钢铁	太空电梯
智能材料	能感知外部刺激，做出判断并适当处理	建筑、航空航天、医疗、军事等
超导材料	零电阻、抗磁性	磁悬浮列车

科幻小说中的新材料

在科幻小说中，有许多神奇的新型材料，如《三体》中的纳米材料，用它做成的“飞刃”，将巨大的轮船切成了半米厚的片状；它还成为太空电梯的建筑材料，使人类可以方便地进入太空。三体人的强相互作用力材料，更神奇了，用它做成的探测器“水滴”，一滴就轻松干掉人类庞大的太空舰队。

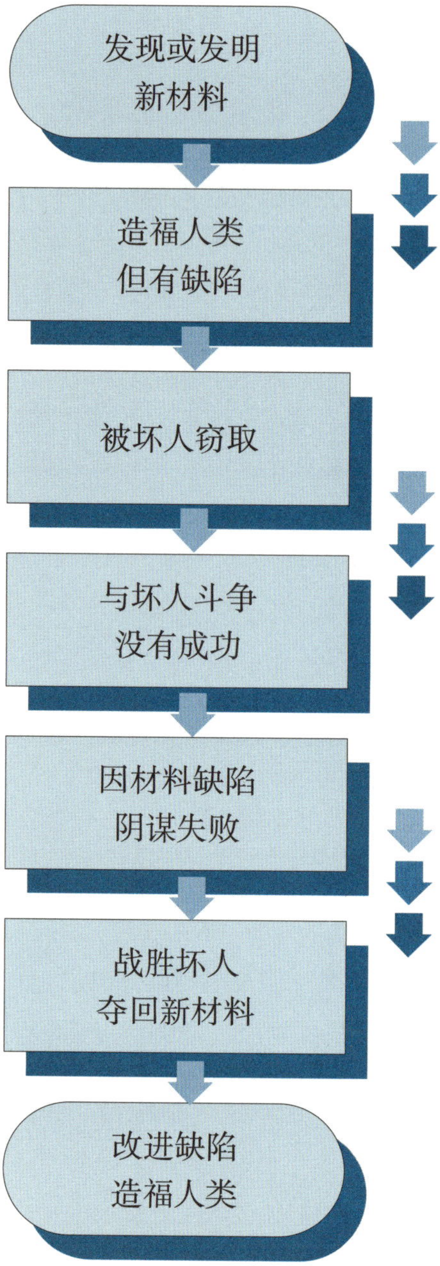

水滴

现在请你想象一种新材料，它有什么神奇的性质？是根据什么科学原理发明的？它能用来做什么？有什么优点和缺点？

然后可以根据左面的故事模板创作一篇科幻小说，也可以不用模板，自己创作。

经典作品

《三体》［中］刘慈欣

故事：

《三体》又称为《地球往事》三部曲，包括《三体》《三体Ⅱ：黑暗森林》《三体Ⅲ：死神永生》三部长篇小说。小说讲述了地球人类文明和三体文明的信息交流、生死搏杀及两个文明在宇宙中的兴衰历程。

节选

“在运河两岸立两根柱子，柱子之间平行地扯上许多细丝，间距半米左右，这些细丝是汪教授他们制造出来的那种叫‘飞刃’的纳米材料。”

…… ……

“审判日”号正在过去，它在通过死亡之琴。当它的舰首接触两根钢柱之间似乎空无一物的平面时，汪森头皮一紧，但什么都没有发生，巨轮庞大的船体从两根钢柱间徐徐驶过。当船体通过一半时，汪森甚至怀疑钢柱间的纳米丝是不是真的就不存在。但一个小小的迹象否定了他的怀疑，他注意到船体上层建筑最高处的一根细长的天线从下部折断了，天线滚落下来。

很快，纳米丝存在的第二个迹象出现了，而这险些让汪森彻底崩溃。“审判日”号宽阔的甲板上很空荡，只是后甲板上有一个人在用水龙头冲洗缆桩，汪森从高处看得很清楚，当船的这一部分从钢柱间移过的瞬间，那人的身体突然僵硬了，水龙头从他手里滑落；与此同时，连接龙头的胶皮水带也在不远处断成两截，水从那里白花花地喷了出来，那人直直地站了几秒钟就倒下了，他的身体在接触甲板的同时分成两截。那人的上半部分还在血泊中爬行，但只能用两只半条的手臂爬，因为他的手臂也被切断了一半。

节选

“只能猜了。”丁仪抬头说，“这东西的分子，像仪仗队那样整齐地排列着，同时相互固结，知道这种固结有多牢固吗？分子像被钉子钉死一般，自身振动都消失了。”

…… ……

“什么力才能做到这一点？”“只有一种：强互作用力。”透过面罩可以看到，丁仪的额头上已满是冷汗。

…… ……

丁仪发出一阵冷笑，听起来有种令人寒颤的凄厉，三名军官也同样知道这冷笑的含义：水滴不像眼泪那样脆弱，相反，它的强度比太阳系中最坚固的物质还要高百倍，这个世界中的所有物质在它面前都像纸片般脆弱，它可以像子弹穿透奶酪那样穿过地球，表面不受丝毫损伤。

经典作品

《一罐油漆》［美］范·沃格特

故事：

吉固尔驾驶飞船降落到金星，这里是一个天堂般的星球。他看到一个方方的东西，用各种方法测试它，激动地发现，它是金星上有智慧生命的证据。他用手去摸，脑中就会出现声音，说里边有油漆。当他提起那东西时，一股油漆喷到了他身上。他脱掉衣服，油漆又流到他皮肤上。吉固尔用了各种方法，都不能洗掉身上的油漆。他再次抚摸那东西时，得知暗色剂能去掉油漆。吉固尔决定去找金星人求助，但飞船无法起飞，因为刚才用燃料油做试验时，里面混入了油漆。他用无线电求助，很久之后才收到回应。原来油漆是金星人故意放在这里考验他的，智力不够只能死在这里。吉固尔根据油漆成分，用隔绝光线的方法，去掉了身上和燃料油中的油漆，并将样品带回地球。

节选

发光的液体在探险家的身上迅速流淌。它像胶水一样黏，但这并不妨碍它淌开。初出现时，它是白色的，不一会，它又变成红色、黄色、蓝色、紫色，最后现出万紫千红的瑰丽色彩。吉固尔直起身子。他沾上油膝的衣服发出霓虹一股的光辉。

…… ……

油漆不会与他所拥有的元素和溶剂发生作用，不会和它们混合，也不会和它们化合，甚至也不会燃烧。它不受酸类和金属的影响。它对他所使用的一切物质没有催化作用和其他的影响。

18 · 过关打卡点

纳米材料的命名是基于这种材料的尺寸，1亿纳米 =（　）米。

答案 0.1

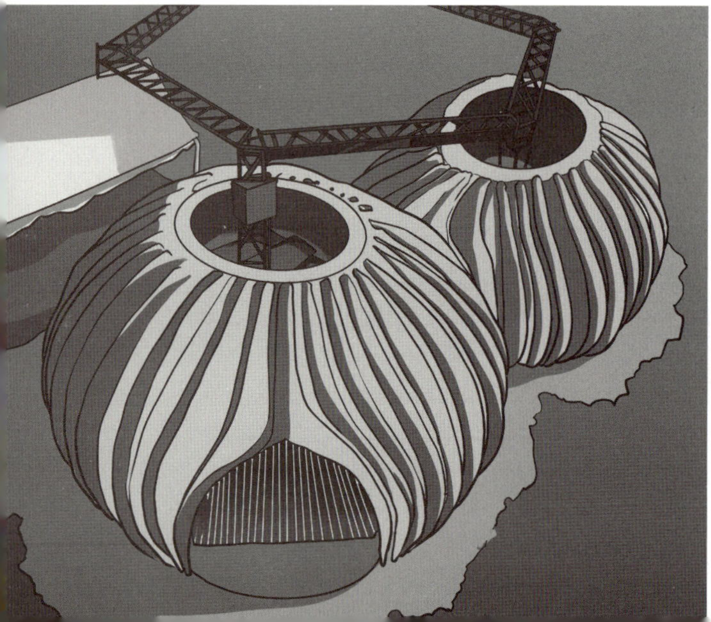

这个圆形外壳建筑 TECLA 高 9.2 米，面积 600 平方米。由于采用了 3D 打印技术，建造全程只用了 200 个小时和 3 个技术工人，现场几乎没有产生建筑垃圾。

工具：3D 打印

打印，大家都比较熟悉，就是把图案或者文字通过打印机印在纸上。不管文字还是图案，打印后都还在纸上，只能触碰，抓不起来。3D 打印却可以让文字和图案从纸上站立，变成能抓到手里的实体。因为 3D 打印技术，是一种快速成形造物方法，它运用粉末状金属或塑料等可粘合的材料，在计算机的控制下，打印机通过逐层堆叠材料，最终将纸上的图案变成了实体。

3D 打印可以很精确地设计零部件，因此应用广泛。从桌椅、衣服到房子、桥梁，从汽车飞机到武器装备，从食物到人体器官，只要能在计算机中建立起数字模型，并设计好材料，3D 打印机就能打出实物。

在我国的火箭、飞船、空间站、月球探测器、火星探测器这些高科技产品上，都有 3D 打印出来的零配件。而且携带现成的机器上天实在太贵了，发个 3D 打印机上天，就省钱多了。未来我们要在月球上面修房子，直接从地球运建筑材料又贵又慢，就可以先将打印机送到月球上，让打印机用月球土壤做材料，打印出房屋的各种构件，由机器人将这些构件组装出房子，这样修房子花的钱可就能节省出一大笔。

生物 3D 打印技术使用人体干细胞作为“墨汁”，通过一系列技术引导，在生物支架上生长出成我们需要的组织器官。

2022 年，一名患有先天性小耳畸形的年轻女性，采用耳朵的软骨细胞为材料，经过 3D 打印，成功获得了新耳，完成了移植手术。新耳的外观和触感与原生耳朵几乎一样。

目前，再生医学与 3D 打印技术结合，已经成功制造出人工血管、骨细胞支架、人源 3D 肝脏组织、角膜等人体组织。

未来，病人能够将自体干细胞进行分化，采用 3D 生物打印技术，打印出自己器官组织的复制体。

3D 打印机

第四关 深海宝藏

咕噜：大海是座宝库，我们一起去海底寻宝吧。

还行：我不去，大海太可怕了。

咕噜：为啥？

还行：“泰坦尼克号”豪华邮轮就沉没到大海里了。为了不让它出海，我喉咙都喊哑了，他们非但不听，还把我从电影院赶了出来！

海洋占地球表面积的71%，约3.6亿平方千米，是富饶而未充分开发的自然资源宝库。海洋自然资源包括水资源、空间资源、生物资源、能源、矿产资源、旅游资源等。

海洋为人类的交通、生产、储藏、军事和娱乐提供了广阔的空间资源，随着经济发展、人口增加，陆地日益拥挤，海洋有可能成为第二个宜居家园。

海底生物圈2号概念图

海底生物圈2号是一个可用于潜水、旅游、海洋科考、人类和动植物长期定居的海洋城市，由8个生活舱围绕一个中央生物舱组成，有完整的生态系统，可以容纳100个居民。通过大气压强控制系统，它可以在水下维持生命所需的空气、水、食物和电力。

要移民海洋，不能只有几座建筑，而要建立大规模的海上或海底城市。海面生存还好解决，可以建造像大船一样的城市。海底生存会有哪些困难？如何解决？

海底压力问题：

海水的压力比空气大得多，一旦建筑外壳破裂，会造成惨重的灾难。必须找到合适的材料，对建筑的抗压性能要精密设计。

海底光照问题：

太阳光不能穿透海水，一般水下几十米就会一片漆黑，需要从海面引入阳光，或用人造光源。

能源问题：

海面可以利用太阳能、风能、潮汐能、波浪能等，海底还可以利用洋流的能量，全是清洁能源。

海底城市的优点：

陆地上常会出现台风、强降雨等自然灾害，而在一定深度的海洋中，就可以躲过这些天灾。海底也会出现地震，甚至引发海啸，但海底城市只要悬浮在海洋中，受到的影响会远小于陆地的房子。

人类现在的科技，还不能实现移居海底，但当今世界许多国家都在发展深海研究，移居海洋或许比移民火星更容易实现。

供氧问题：

人不能像鱼一样直接从海水中获得氧气，解决问题的可行方法是电解水。

出行问题：

可以建设通向海面的电梯，或用潜艇。

科幻电影《深渊》讲述科研人员发现了一个存在于深海中的文明基地。

深海文明

海底基地上浮

科幻电视剧*Man from Atlantis*（中文译做《大西洋底来的人》）则讲述一个沉没海底的亚特兰蒂斯的男子麦克，如何在陆地上与人类相处。

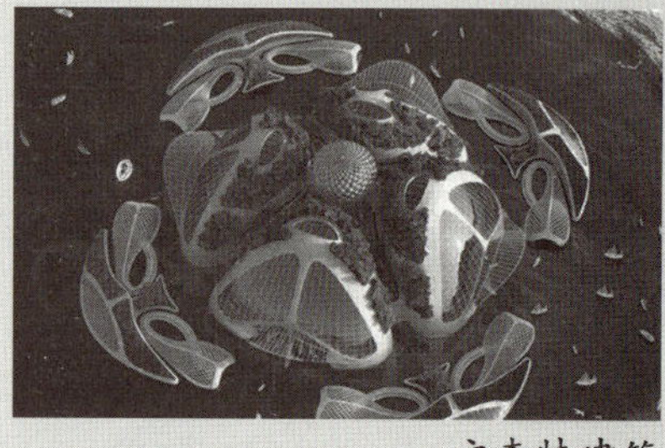

文森特建筑

日本海洋城市设计

思考：

现在请发挥你的想象：既然人类可以移居海底，那么海底会不会有别的智慧生物？他们是我们的地球同胞，还是天外来客？他们会有怎样的高科技？他们又为什么不与我们相见？如果有一天人类发现了他们，会发生怎样的故事？

关于海洋的科幻小说，最著名的要属法国著名科幻作家儒勒·凡尔纳的《海底两万里》。受小说影响，美国人西蒙·莱克于1893年建成了“小亚古尔爸爸号”潜艇，成为第一艘实现公海远航的潜艇。1954年，美国建成了世界第一艘核动力潜艇，名字与小说中的潜艇一样，也叫“鹦鹉螺号”。

经典作品

《海底两万里》［法］儒勒·凡尔纳

故事：

1866–1867年，海上连续发生几起海怪袭击船只事件。巴黎博物馆生物学教授埃尔·阿龙纳斯和他的朋友一共三人临危受命，乘船寻找怪物，却始终无影无踪。就在准备返航时，被海怪袭击，三人坠海，发现海怪原来是一艘可以潜水的怪船。

三人被抓进怪船，见到了怪船的主人尼摩船长。原来怪船是艘名叫“鹦鹉螺号”的潜艇。尼摩船长带三人参观潜艇，开始了海底旅行。一路上三人见到了各种海底的奇异景色和生物，还穿着潜水服在海底森林打猎，并躲过鲨鱼的攻击。

潜艇驶入印度洋，又经过红海、地中海，来到大西洋。在这里，他们参观了公元前沉入海底的大西洲。到北冰洋时，三人离开潜艇。总共十个月的旅行，给阿龙纳斯三人留下了终生难以磨灭的记忆。

节选

这时是早晨十点。太阳光在相当倾斜的角度下，投射在水波面上，光线由于曲折作用，像通过三棱镜一样被分解，海底的花、石、植物、介壳、珊瑚类动物，一接触被分解的光线，在边缘上显现出太阳分光的七种不同颜色。这种所有浓淡颜色的错综交结，真正是一架红、橙、黄、绿、青、蓝、紫的彩色缤纷的万花筒，总之，它就是十分讲究的水彩画家的一整套颜色！看来实在是神奇，实在是眼福！

节选

一会儿，我们到了前面，靠近机器房的一个小房子里，我们要在这个小房子中穿起我们的海底打猎衣服来。两个船员，遵照船长的嘱咐，走上来帮助我们穿这些不透水的、沉甸甸的衣服；衣服是用橡胶制成的，没有缝，可以承担强大的压力，不受损伤。应当说，这是一套又柔软又坚固的甲胄。上衣和裤子是连在一起的、裤脚下是很厚的鞋，鞋底装有很重的铅铁板。上衣全部由铜片编叠起来，像铁甲一般保护着胸部，可以抵抗水的冲压，让肺部自由呼吸；衣袖跟手套连在一起，很柔软，丝毫不妨碍两手的运动。

第五关 长生不老

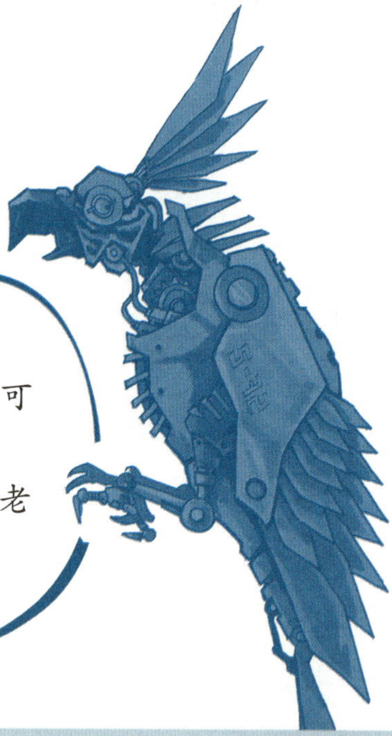

还行：听说你家老爷爷都一百岁了？

咕噜：是啊。他最近很无聊，你有什么可玩的推荐给他。

还行：广场上总有人在下棋聊天，你让老人家去一起玩啊。

咕噜：他说不想跟八九十岁的小孩玩儿。

秦始皇为了能够不死、长命百岁的活着，派手下徐福到海外寻找长生不老的仙丹。可惜直到 49 岁死的时候，秦始皇也没有得到仙丹。古代很多帝王都曾经像秦始皇那样去寻找仙药，但都没有成功过。长生不老至今仍然只是个神话，是人类自古以来就渴望的梦想。

而今，科学技术的进步让这个梦想渐渐成为现实。科学家们从人体细胞中发现端粒和端粒酶，它们可能就是开启人类长生不老秘门的钥匙。

端粒位于携带生命信息的大分子 DNA 的两端，作用是保护 DNA，调节细胞正常生长。随着细胞的分裂，端粒体的长度会越来越短。单个细胞分裂大约 56 次后，由于端粒体长度过短，无法继续分裂，直接导致细胞衰老和生命死亡。这就意味着，即使我们不生病、不出意外，也不能长生不老。人类自然寿命的极限在 130 岁左右。

端粒酶则是细胞中负责延长端粒体的一种酶，可以让端粒不会因细胞分裂而损耗，增加细胞分裂的次数。然而正常的人体细胞中，活性端粒酶只存在于造血细胞、干细胞和生殖细胞中。

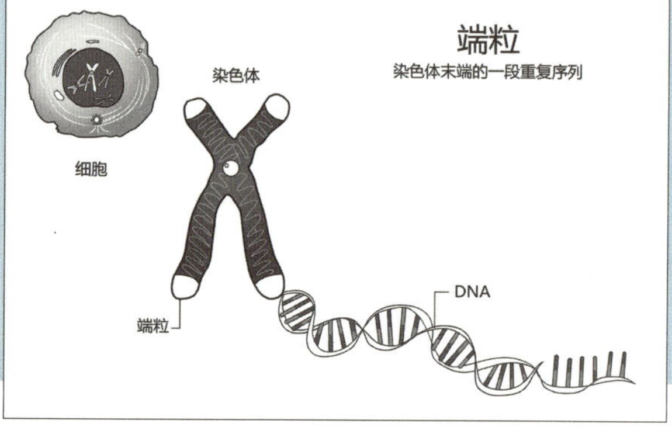

当正常细胞发生病变，成为癌细胞后，会产生端粒酶，无限分裂癌细胞。这实际意味着，癌细胞可以无限分裂，永生了。

永远不死的海拉细胞

1951 年，医生从患了癌症的黑人女性海瑞塔·拉克丝身上取下一部分癌细胞，虽然她不久后就去世了，但这些癌细胞在培养皿中一直分裂生长，到 2019 年，它的重量已超过 5 000 万吨。科学家用这些癌细胞做了许多实验，为医学发展做出极大贡献，其中之一就是发现它具有合成端粒酶的能力。为了纪念提供样本的海瑞塔·拉克丝，这些癌细胞称为“海拉细胞”。

“海拉细胞”挽救了许多癌症患者的生命。

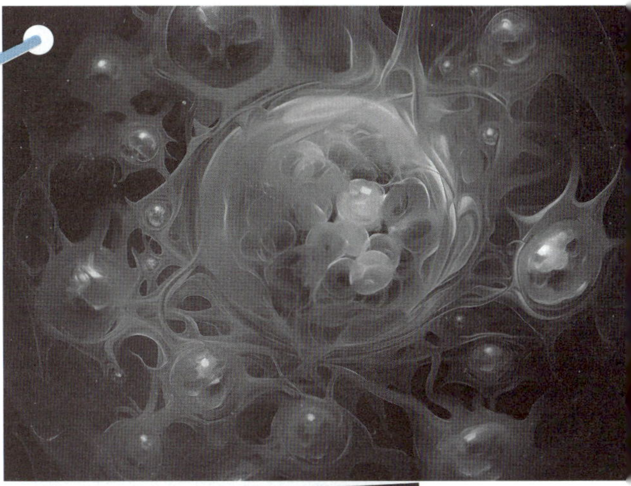

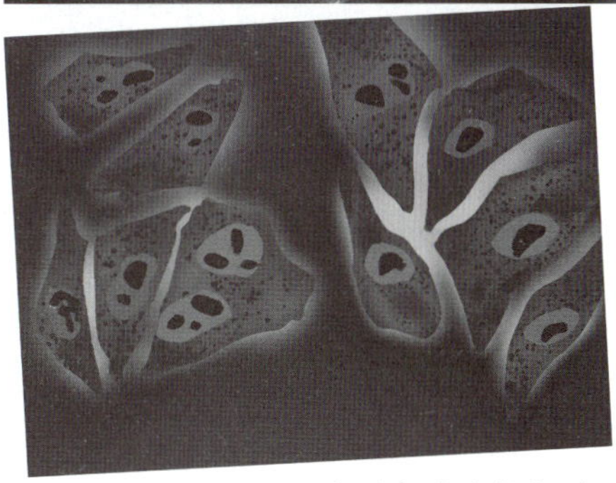

不同形态的海拉细胞

长生不老也有坏处，比如：

1. 资源短缺。长生不老带来人口爆炸，将消耗更多资源。

2. 老龄化。为了避免人口爆炸，只能不生孩子，带来的后果是整个社会全是老年人。

3. 社会固化。没有了退休，相对年轻的人再也没有了上升的机会。

4. 社会失去活力。一个全是老年人的社会，没有了青春的活力、活跃的思维和创新以及进取精神，墨守成规，新的知识和发明创造很难出现。

5. 失去最后的公平。长生不老会彻底打破富人和穷人在死亡面前的公平，引发社会动荡。

中国最长寿的人

历史记载中，陈俊寿命最长，他生于唐朝僖宗中和辛丑年(公元881年)，卒于元朝泰定甲子年（公元1324年），享年443岁，经历了多个朝代。据说他年岁增高后，肌体逐渐萎缩，身躯变得愈来愈小，如同小孩儿，行动十分不便。于是众乡邻就用麻竹编制了一个特大的菜篮子装着老人，由供养人轮流抬着进出家门。

经典作品

《癌人》［中］王晋康

故事：

药业公司总裁约翰·罗伯逊，为了利益以及给妻子置换肝脏，在生物学家保罗不知情的情况下，使用保罗去世祖母的癌细胞，克隆了一个黑人女孩儿海拉。孕育海拉的是约翰的女儿苏玛。海拉的生长速度是常人的2倍，而且器官有再生能力。

器官盗卖者盯上了她的器官，而“保护人类纯洁组织”却视海拉为异类，欲将她置于死地。保罗和苏玛带着海拉躲进深山，但仍未能逃脱器官盗卖者的魔掌。

海拉用自己放电的特异功能杀死了器官盗卖者，约翰的妻子最终未能换上海拉的肝脏。美国情报机构将海拉视为人类的威胁，策划了暗杀。海拉逃到亚马逊密林，建立起自己的地下王国。她克隆了很多“小海拉”，并成立了孤儿院，帮助孤儿回到亲人身边。然而，美国人并没有放过她……

节选

海拉发育良好，也十分聪明。她的唯一问题是发育得太快了，而且不仅身体，她的心智成长也同样快速。保罗一直尽力向她的小脑瓜里灌输知识，勉强能赶上她的消化速度。不过，她的超速生长已被逐渐习惯，成了“新高度”上的正常。这种“快速生长”有时仍能引起模糊的恐惧，使保罗联想起癌细胞无限繁殖的凶恶天性。但总的说来，这种恐惧逐渐淡化，衰减为弱不可闻的回音。想想吧，终日厮守着这个快活天真、笑面如花的女儿，怎么可能保留这种阴暗的想法？

节选

斯蒂芬告诉孩子，海拉细胞比其他培养细胞都好，不论在固体还是液体培养物中都能形成细胞层，而且几乎没有畸变。30多年来，它为科研人员提供了很大的便利，太空试验、新药试验，都要借助于它，它至少为生物工业创造10亿元价值了。他还让保罗在显微镜下观看了一个海拉细胞的分裂全过程。在半透明的细胞内，染色质聚成线状，复制成两份，再聚成螺旋状。然后两个星体拖着染色质细丝向两端移动。细胞中部收缩，分割成两个同样的细胞，螺旋状的染色体又恢复原状，组成新的细胞核。保罗看得十分入迷，几乎停止了呼吸。他的目光穿越了时空，探索着造物主在几十亿年前留下的秘密。即使是生物世界中最简单的细胞分裂过程，也蕴含着说不清的奥秘：这套完整的指令是怎么形成的？决定螺旋形状的“数学公式”是用什么方法表达的？是“谁”命令星体向两边移动？……他心中有一根弦被嗡嗡拨响，而且这种浑厚的共鸣从此没有停止。

经典作品

《2018 年 4 月 1 日》［中］刘慈欣

故事：

这是一篇日记体科幻小说。记录 2018 年 4 月 1 日，我已经为要不要做基因改造延长（简称基延）生命技术犹豫了两三个月。我没钱做，但我想非法挪用资金，以服刑 20 年的代价，换取 200 年寿命。同事的一个愚人节恶作剧，让我差点以为金融系统中的虚拟货币被抹除，于是我下了决心。对女朋友的爱情，又使我犹豫了。可她主动提出要与我分手，一个人去冬眠。于是我不再犹豫，挪用了资金。基延中心的主任告诉我，我得到的可能是永生。因为 200 年后可能会出现像意识备份这样的新技术。

这是我有生以来写的第一篇日记，以后要坚持下去，因为两个世纪后的我，就是一个陌生人了，我总要留下些东西。我与其他做了基延的人，将是第一批真正触摸永恒的人。

节选

基延是基因改造延长生命技术的简称，通过去除人类基因中产生衰老时钟的片断，可将人类的正常寿命延长至三百岁。这项技术在五年前开始商业应用，现在却演化为一场波及全世界的社会和政治灾难，原因是它太贵了，在这里，一个人的基延价格相当于一座豪华别墅，只有少数人能消费得起。

节选

我明白这点，谁也不知道两个世纪后会出现什么样的技术，也许，到时可以把人的意识和记忆拷贝出来，做成永远不丢失的备份，随时可以灌注到一个新的身体中；也许根本不需要身体，我们的意识在网络中像神一般游荡，通过数量无限的传感器感受着世界和宇宙，这真的是永生了。

19 过关打卡点

一天，咕噜和还行遇到一位长寿老人。

咕噜问老人：“老爷爷，您今年高寿？”

老人笑着说出一副对联：

“花甲重逢增加三七岁月，古稀双庆再多一度春秋。”

咕噜问还行：“你知道花甲和古稀是指多少岁吗”

还行说：“知道，是（ ）岁和（ ）岁。”

咕噜算了算，一拍脑袋，说：“我知道了，老爷爷今年（ ）岁了。”

答案：60，70，141

外星人到底是否存在？他们会侵略地球，干涉地球文明发展吗？地球人会不会原本就是外星人？在宇宙中四处劫掠、以吞噬行星为乐趣的“外星恶魔”，跟早已灭绝的恐龙有什么关系？

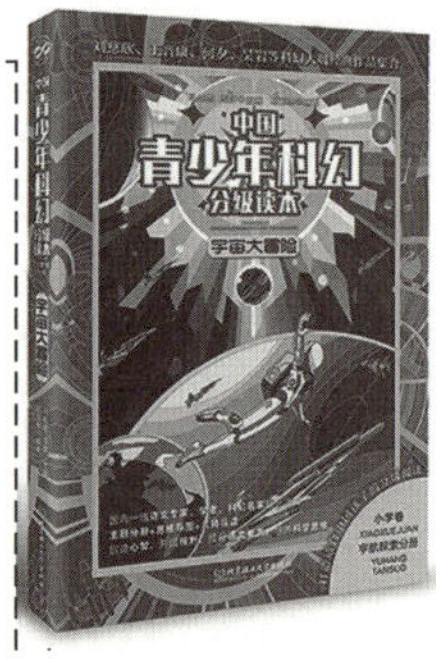

我们的未来是星辰大海，但星辰大海潜伏着什么样的危险？太阳里边有神秘的生命存在吗？我们怎么去水星的海洋中探索？如果有一天，我们发现宇宙竟然并不真实存在，那是不是我们宇宙探索的终点？

推荐阅读

精选国内历代科幻名家和新锐科幻作家的经典作品，是了解、学习科幻文学的“科幻小百科”。作品搭配文前导读、科学知识讲解、文后思维导图和拓展阅读，便于读者更深入理解作品。

人的意识是否可以转载？梦境是否拥有改变现实的力量？思维是否可以数据化？物联网的发展会带来什么隐患？人类是否会在某一天拥有掌控时间的能力？

探讨了人工智能的未来以及在未来可能要面临的问题，既为读者打开了了解未来世界的大门，也能引起读者对未来的思索。

地心世界真的存在着另一种地球文明吗？亚特兰蒂斯人是不是并未灭绝，而是进化成了与我们截然不同的生命体，拥有神奇的技术？地铁、沙漠、考古遗址……这些地方隐藏着什么样的秘密？

第五科幻宇宙

名称
电子世界

传送地
家中
进城密码
随心所欲

从游戏开始造世界

谁没有玩过电子游戏呢？就连我这样对游戏无感的人，还玩过“俄罗斯方块”和“扫雷”两款游戏呢。在电子游戏家族中，这两款游戏都已经属于古董级别了。其实有太多小游戏是它们的升级换代产品。“俄罗斯方块”大家可能没听说过，各种各样的消除类游戏总有玩过一个吧？

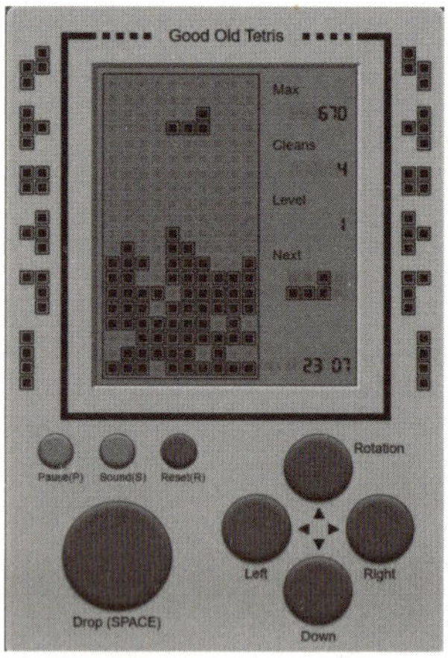

俄罗斯方块

俄罗斯方块的升级版 1010 削方块

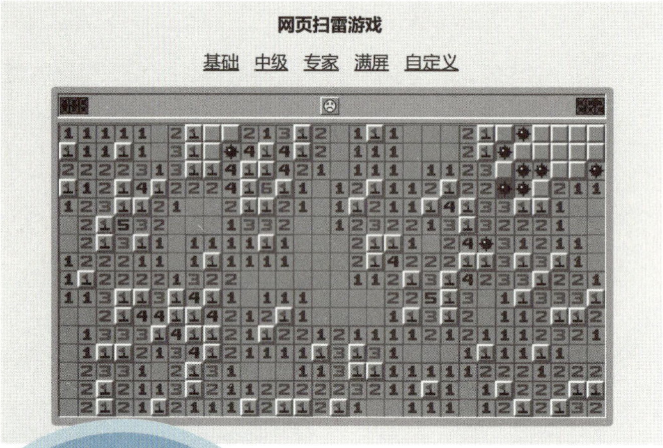

扫雷游戏，网页版不但有难易选择，还可以和全世界的扫雷爱好者比赛扫雷水平。

最早的电子游戏出现在 1950 年，只是在老式的电子显示器上的一些点和线，却从此开始了人类构建一个又一个不可思议幻想世界的过程。

这些幻想世界最初颜色不多，图案抽象。

1978 年的《太空侵略者》游戏，玩家任务就是用画面下方的炮台射击杀死空中的各种入侵者。这些入侵者一波又一波地会飞得越来越快，玩家操纵炮台的速度渐渐跟不上了，就输掉了游戏。这个幻想的星际大战场景十分简陋，但并没有妨碍玩家对战的兴趣。

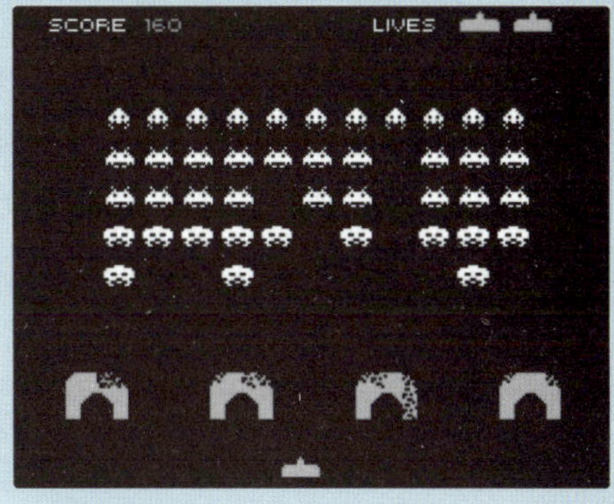

1979 年的《吃豆人》游戏，玩家需要操纵一张嘴去吃掉迷宫中的豆子。这个幻想世界与《太空侵略者》相比，有了丰富的颜色，但世界构成依然非常简单，甚至人都抽象成一张嘴。

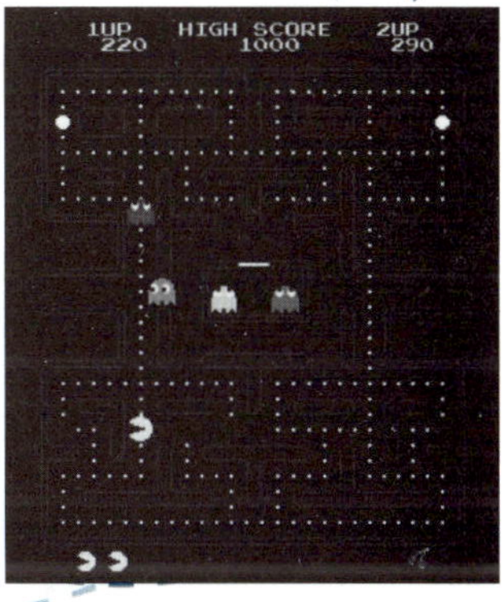

想一想 **你玩过的游戏，游戏世界有什么特点？**

回答：这些世界越来越庞大，越来越“真实”。无论是现代都市还是过去乡村，都营造出令人如临其境的感觉。即便是未来还不存在的太空城，游戏世界中也能构建得栩栩如生。

第一关 工具

人类目前拥有多少个电子游戏？还真有人做了统计。历代游戏机和掌机上的全球游戏数量总和约 2 到 3 万个，加上 PC 电脑游戏就会暴增至将近 10 万，再加上各种 app 手机游戏，人类世界上的电子游戏总数会达到百万款以上，这还是排除了不计其数的网页 flash 和 html5 以及各种改版、游戏的后续可下载内容，或者 app 附属小游戏数量之后。

每个游戏都是一个独立的幻想世界。有的世界复杂庞大，还会带上各种副本。有的世界小巧简单，一个页面就是全部。

你可以是这些世界的经历者，在这些世界中探险，解谜，建造，开荒，战斗……你也可以是这些世界的构建者，开发技术，渲染场景，实现你心目中的梦想。

不过，电子游戏经过了 70 年的发展，已经从简单线条构筑的画面，进化成了震撼且逼真的 3D 图像，大型游戏制作的复杂程度已经不是一两个程序员就能搞定的了。

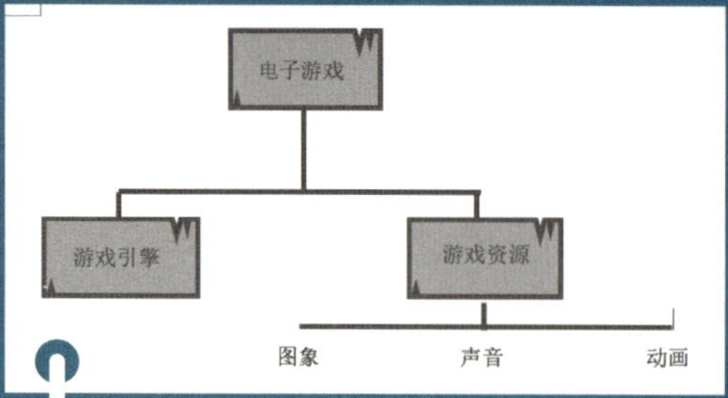

电子游戏幻想世界的特点：参与。

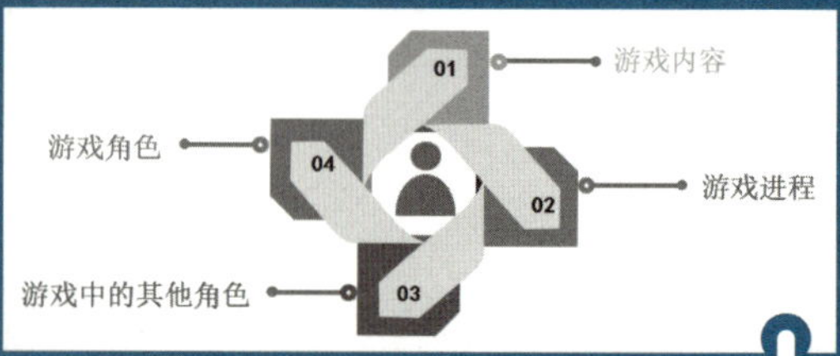

每个幻想世界中的元素都互相影响，组成一个沉浸式氛围，让游戏者深度参与。

创世需要好的硬件设施。

电子游戏对影像、音效与操作机能要求比较高。主要的硬件包括CPU中央处理器、内存、储存媒体、影音输出设备、信号输入设备等。电脑游戏的信号输入设备是键盘和鼠标，游戏机就是控制器、手把或摇杆。

创世需要功能强大的软件。

好在经过七十年的发展，电子游戏制造已经有了丰富的经验，编写游戏的程序员们将应用的软件集成为游戏引擎，提供给再编写同类游戏的程序员使用。

游戏引擎就像一台发动机，集合了运行游戏的机器识别的代码（指令），控制着游戏运行。

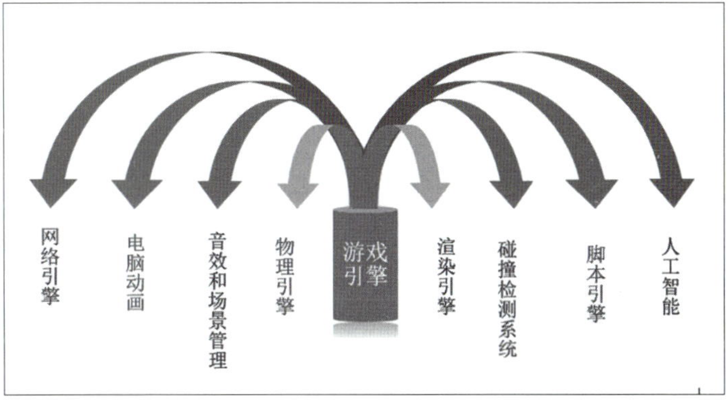

大型游戏需要的服务器，在这些机器中，电子构成了绚烂如真的世界。

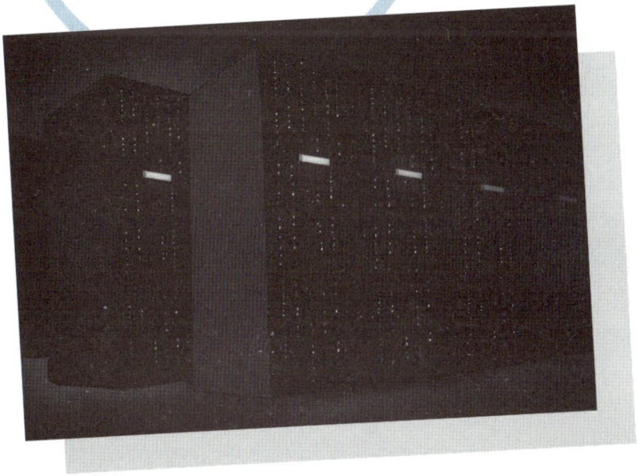

经过不断的进化，现在的游戏引擎已经发展为一套由多个子系统共同构成的复杂系统。

第二关 扩展现实

还行：咕噜，如果有一座房子，里面不冷不热，有吃有喝，有电脑有手机有 WiFi，唯一的要求是不许出门，你可以在里面待多久？

咕噜（高兴）：我能待到世界末日！

还行：好，请进吧。

咕噜（看着电脑屏幕，愁眉苦脸）：可你没说还要上网课啊！

现在的网课，虽然软件可以做出虚拟黑板的样子，但仍然隔着屏幕，类似于看电影，但可以和屏幕上的老师互动。

一个教学软件提供的黑板，老师可以像在真黑板上一样板书，还可以和同学聊天，点名举手的同学发言。

VR 眼镜

将来呢？将来的虚拟课堂是什么样子呢？

学生们都戴上了VR眼镜，进入了电脑程序构建的虚拟世界。

XR技术：扩展现实

VR，虚拟现实。钱学森将其译为“灵境”，看到的图像全是假的。

AR，增强现实。将虚拟信息加入真实环境中，看到的图像半真半假。

MR，混合现实。将真实世界和虚拟世界混合在一起，呈现的图像真假难辨。

CR，影像现实。真假世界无法区分，甚至假世界会被当成真世界。

在XR技术设置出的人机交互虚拟环境中，我们可以做很多事情。

未来

田远航很喜欢这套定制的模拟实景。比如弹比才的《斗牛士之歌》，就会置身于斗牛场之中，愤怒的公牛一次又一次冲击斗牛士手中的红布，周围看台上的观众此起彼伏的叫嚷如同沸腾的开水，将田远航包围其中，让她全身的细胞都激动地跟着呼啸，双手用力在键盘上砸出每一个音符。瓦尔德特费尔的《溜冰圆舞曲》的配景则是全世界最美的哈尔滨松花江天然冰场，冰场周围都是冰雕，夜晚时冰灯一盏盏亮起来，冰雪晶莹剔透，灯光五色斑斓，犹如童话世界。田远航的钢琴被放在冰场正中，她坐在钢琴前，感觉每个毛孔都在寒风中颤抖，但颤抖的手下却流淌出轻盈顺滑如丝绸般的旋律，在每块冰上闪动光泽。

选自凌晨的小说《姐姐的理想》

XR时代，一切皆可在眼前，万物都能被设定！

第三关 元宇宙

元宇宙到底是什么？

1992年，美国作家尼尔·斯蒂芬森在他的科幻小说《雪崩》中，为虚拟数字空间制造了一个词“Metaverse”。他这样写道：“戴上耳机和目镜，找到连接终端，就能够以虚拟分身的方式进入由计算机模拟、与真实世界平行的虚拟空间。”

“Metaverse”将现实世界中被地理空间所阻隔的人们，通过网络人格“化身”（Avatar）实现虚拟同步，成为互联网引领的两个平行世界。

“Metaverse”的概念，就是我们今天所说的元宇宙！

元宇宙，虚拟即现实。

我们不仅仅可以创造不同的幻想世界，还可以将现实生活无缝链接进入这些幻想世界，在其中游戏、购物、建造、经商、交友。整个社会将被虚拟化，线上生活会成为常态，人类成为在现实世界与数字世界中交替生活的两栖物种。

想象一下这种生活吧。它不会太遥远了。

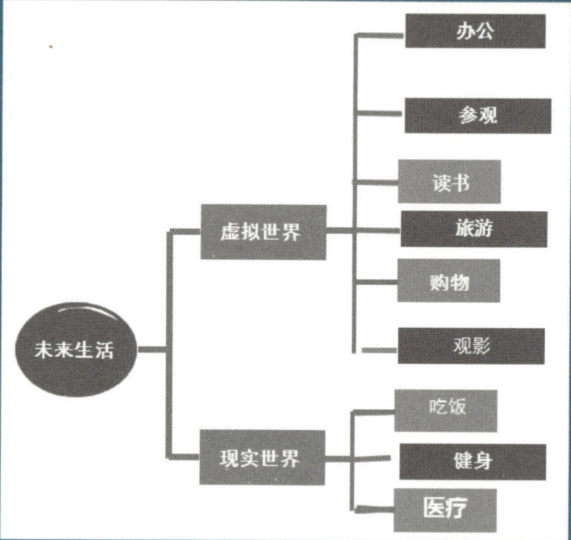

还有许多内容没列入这张图，可以尽你的想象添加进去。

在未来的现实世界中，会产生哪些热门职业？起码会有这些：

健康维护师：上门维护那些久入虚拟世界的人的健康。

快递管理师：未来快递都是机器人了，需要的是管理者。

虚拟设备检修师：虚拟设施能否正常运转，关系用户的体验。维护虚拟世界需要很多生活在现实世界中的人。

…… ……

由于幻想世界有无数个存在，只要掌握好时间线，我们甚至可以在许多自己喜欢的世界中同时生活。每个时间中，作为用户，我们都可以任意设置自己的样子，改变年龄和性别，甚至使用非人身份。

在这些世界中，恐龙和高铁赛跑，巨人与火箭比高，太阳想落就落、想升就升。有的世界尽量仿真现实世界，力求让用户如置身现实，感受不到“假”。有的世界却尽情发挥想象力，随心所欲，怎么有趣怎么来。

想象这些世界，你一定会发现其中隐藏的故事，并娓娓道来。

虚拟世界还是现实世界？

上脑机接口，进入虚拟世界更快捷方便。

第四关 真实浸入虚拟

还行：咕噜，你屁股咋肿了？

咕噜：别提了，那天我在外面玩 VR 游戏，一个阿姨给我打的。

还行：那你咋不躲？

咕噜：我以为是游戏中的人打我，打了 5 分钟呢。

还行：她为啥打你？

咕噜：我也纳闷呢，后来疼得受不了了，我摘掉了 VR 头盔。阿姨说，对不起，把你当成我儿子了，打错人了。

20 世纪 30 年代，科幻小说作家斯坦利 · 温鲍姆在科幻小说《皮格马利翁的眼镜》中，写到虚拟现实的眼镜，当人们戴上它时，可以看到、听到、闻到里面的角色感受到的事物，有如真实生活在眼镜中。历史再一次证明，科幻小说是引领科学发展方向的先头部队。

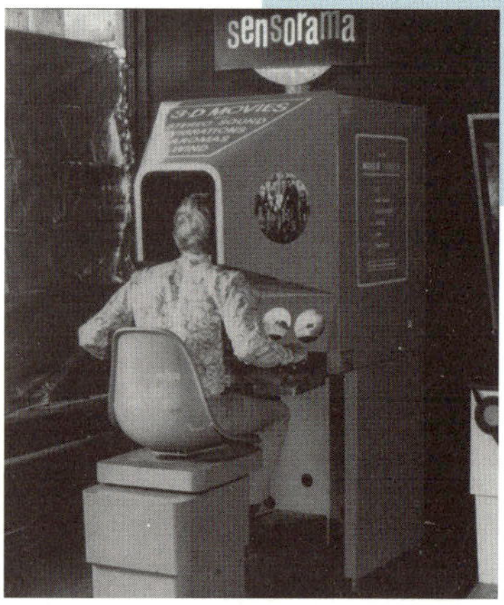

最早的 VR 眼镜 Sensorama 是一台庞大复杂的机器，有固定的显示屏，3D 立体声、震动座椅、风扇和气味生成器，尽力从视觉、听觉、嗅觉等多方位模仿现实。

与虚拟世界相关的科幻作品很多。这里给大家介绍三部，看看玩家如何操纵虚拟世界，NPC（游戏中不受真人玩家操纵的游戏角色）如何操纵自己的命运。想想这些故事能给你什么启发，从你正在玩的游戏或者喜欢的游戏中，找一个故事的灵感吧！

科幻电影《安德的游戏》

2013 年上映，由同名科幻小说改编。

剧情简介：

在遭受了虫族的毁灭性攻击后，人类挑选出地球上最优秀的年轻人，花费数年时间，把他们训练成天才战士，以抵御虫族的再次攻击。他们加入轨道空间站上的战斗学校，进行严格的模拟训练，为成为国际舰队的指挥官而努力。但每个人都深知，只有一个人能成为领袖。

安德·维京展现出了杰出的天分，机智、同情心和卓越的战术运用，让他成为班里的佼佼者，也激起了其他新学员的嫉妒。战斗学校的指挥官格拉夫上校，将安德与其他孩子隔离开，以磨砺他独特的领导才能。起初安德很受排挤，但他逐渐与队友打成一片，不久晋级到位于遥远星球的军官学校深造，那里曾是虫族入侵地球的前沿阵地。安德在曾打败虫族的指挥官马泽·雷汉的严格训练下，能力很快得到提升，带领他的队友在 VR 游戏中对抗敌军。当牺牲了一千多名战友，安德通过终极测试后，却被告知这不是游戏，他已经取得了真正战争的胜利，摧毁了虫族生存的星球。

安德意识到虫族只是想自卫，而人类却主动发起进攻。他走向虫族星球的废墟，见到了濒死的虫族女王，女王将自己的孩子托付给安德，他将为虫族寻找新的家园。

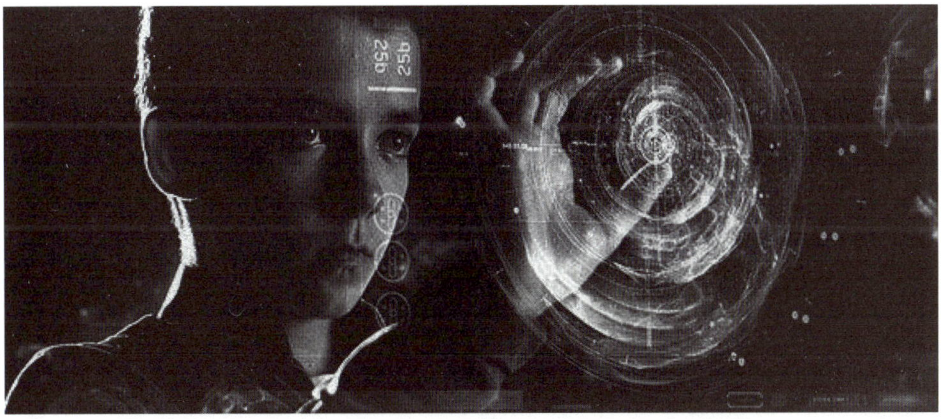

科幻电影《头号玩家》

2018 年上映，由同名科幻小说改编。

剧情简介：

2045 年，灰暗混乱的现实世界令人失望，人们戴上 VR 设备，沉浸于一款由詹姆斯·哈利迪一手打造的虚拟游戏宇宙中。这里与现实形成强烈反差，有繁华的都市，形象各异、光彩照人的玩家，不同影视游戏中的经典角色也可以在这里齐聚。现实中的社会底层，在“绿洲”里可以无所不能。哈利迪弥留之际，宣布第一个找出他在游戏中藏匿的三个彩蛋的人，将获得巨额财产和“绿洲”的所有权。游戏成为现实世界的利益之争。

从小失去双亲的韦德·沃兹，住在拥挤、杂乱的叠楼区。现实中他自卑、怯弱，但在“绿洲”中，他是大家心中的英雄。韦德找到了第一枚彩蛋的钥匙，结识了女孩阿尔忒密斯和一群伙伴。韦德又通过哈利迪留下的生前录像，获得第二枚钥匙。此时，IOI 公司已将他们视为眼中钉。IOI 公司的总裁诺兰，曾服务于哈利迪的游戏公司，他想把“绿洲”据为己有。最可怕的是，诺兰发现了现实中的韦德，制造了一场爆炸。

韦德逃过一劫，被现实中的阿尔忒密斯救走，她叫萨曼莎。IOI 继续追杀韦德，萨曼莎为保护他被抓走。韦德走投无路时，遇到了游戏中的伙伴们。他们利用诺兰的密码黑掉了他的游戏设备，救出萨曼莎。又一起来到游戏的最后一关。一场大混战后，韦德得到了第三把钥匙。但现实世界中 IOI 的暴徒却对他们穷追不舍，通过游戏的现场直播，韦德获得了现实世界玩家的帮助，成功获得彩蛋。诺兰也被警方抓走。

韦德成了“绿洲”新的主人，并颁布新规定，每周二和周四会暂时关闭“绿洲”，让人们不要忘记现实世界中真正的温情。

科幻电影《失控玩家》

2021 年上映

剧情简介：

《自由城》是一款火爆的动作冒险类游戏，玩家可以在游戏里烧杀抢掠，体验当法外之徒的快感。盖伊是《自由城》中的一名 NPC 银行出纳员，每天过着一成不变的生活，就是等着被玩家抢劫。有一天，他邂逅了米莉，决定打破这种循环，掌握人生的主动权。于是抢走了玩家的 VR 眼镜，震惊地看到玩家眼中的世界：四处漂浮着的虚拟图标，提示着任务、血量和弹药量等，地上还有装备、医疗包。他没有杀人放火，而是打击犯罪，以玩家当经验包升级，成为游戏中传奇人物，现实中的玩家纷纷猜测他的真实身份。

但好景不长，《自由城》的老板为了推出新游戏而要将它关停，盖伊赖以生存的电子世界即将毁灭。与此同时，现实世界中的游戏设计师米莉，发现自己的成果被《自由城》老板窃取，于是进入游戏寻找证据，她与盖伊联手，挫败了老板的阴谋。游戏中的 NPC 们也被盖伊带到了新世界。

思考：

随着 VR 设备和网络越来越先进，玩家不仅会在游戏中有视觉和听觉体验，还会有嗅觉、触觉体验，会越来越分不清现实与游戏的区别。请你思考一下，假如你出生后就一直生活在一个游戏的世界中，你能分清虚拟与现实世界吗？

现在我们将面临一个细思极恐的问题：我们生活的世界是虚拟还是现实的？

第五关 谁创造了一切

当我们越来越沉浸于虚拟世界，和现实无法区分的时候，忽然会有一种想法涌上心头：会不会我们的真实世界其实也是一种虚拟世界？那么是谁制造了这个世界？我们是 NPC 还是另一个世界制造者的角色执行者？

这种想法再深入一些，就触及了人类的终极问题：

我是谁？我从哪儿来？我要去哪里？

科幻电影《黑客帝国》系列

第一部
1999 年上映

剧情简介：

尼奥是个平凡的程序员，他一直感觉身处的世界不太对劲。一天，人类反抗组织的船长墨菲斯找到他，告诉他这个世界是虚拟的，让他看到了真相：尼奥全身插满管子，从一个培养皿中醒来。原来这才是真实世界，人类与 AI 发生了战争，AI 将人类当作能源，而人类的意识生活在“矩阵”中。而尼奥就是承担拯救人类使命的“救世主”。

墨菲斯对尼奥进行了系统性训练，但他被矩阵指挥的特工抓走。为了救墨菲斯，尼奥与反抗组织成员崔妮蒂一起穿梭在真实、虚拟世界之间，与特工展开搏杀。尼奥最终完成蜕变，成为真正的救世主。

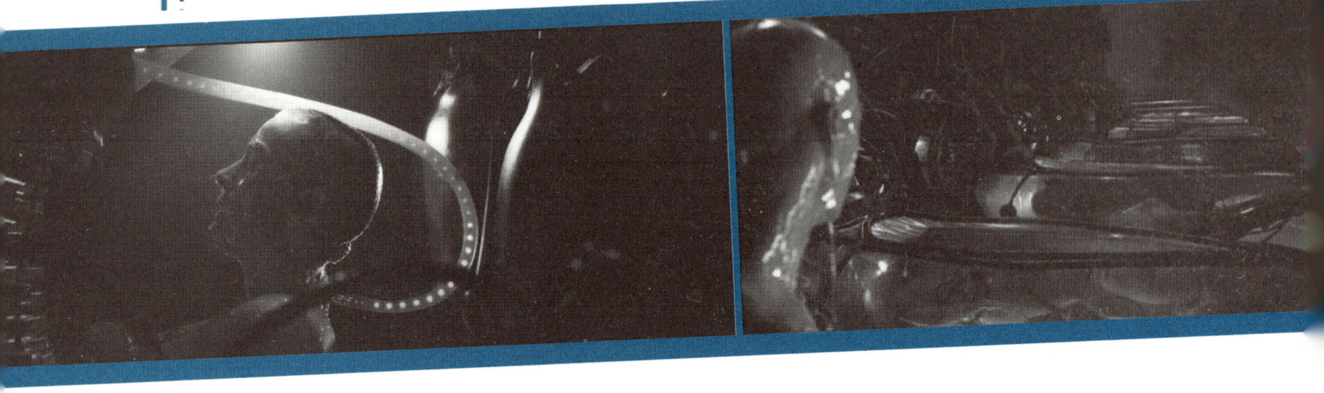

科幻电影《异次元骇客》

1999 年上映

剧情简介：

1937 年的富勒在酒店留下一封写给霍尔的密信后，回到了 1999 年。原来是富勒和霍尔在实验室中创造了一个虚拟的 1937 年的世界，可以把自己的意识接入虚拟世界的人物中。

富勒因秘密被谋杀，霍尔成了头号嫌疑犯。为了找到富勒留下的线索，弄清真相，霍尔往返于 1999 年的现实世界和 1937 年的虚拟世界，最后发现一个惊天秘密：1999 年的世界，是 2024 年的大卫和珍妮夫妇创造的虚拟世界，霍尔也只是一段程序，只要拔了电源，他就会消失。

2024 年的珍妮因不满大卫在虚拟世界中滥杀无辜，于是按心中喜欢的大卫形象创造了霍尔。大卫将意识接入霍尔，要杀珍妮时，被警察击毙。因大卫已死，霍尔的意识代替了他，来到 2024 年的真实世界，与珍妮过上了幸福的生活。然而，2024 年的世界被拔了电源。

刘慈欣：**“人类的面前有两条路，一条向外，通往星辰大海；一条向内，通往虚拟现实。”**

以虚拟现实为主题的科幻作品，要记住两点：去中心化，存在无数个幻想世界；技术决定生活。

计算机用它强大的算力，为人类搭建起一个又一个奇特的虚拟世界，开启了电子宇宙的历史。而人类也以无边的想象力，用文字和影视语言，充实虚拟世界中的空旷。

这些关于电子宇宙的电影，记得看啊。

计算机如果会思考，人类就不会思考了。

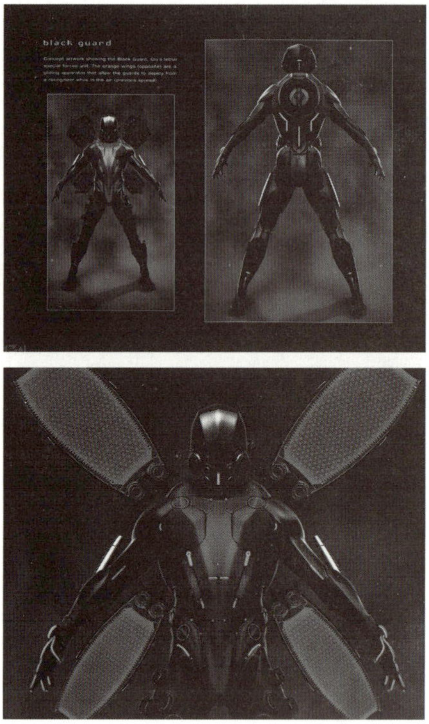

《Tron》（译为《电子世界争霸战》或《创战纪》）（1982）

这是电影史上第一部电子空间题材的电影，讲述电脑程序员弗林进入电脑和电脑病毒大战，最终取得胜利。让虚拟和现实时空都恢复秩序。

《楚门的世界》（1998）

楚门是一个平凡得不能再平凡的人，因为一连串的“事故”，他逐渐意识到自己 30 年来都活在别人写好的剧本里，于是决定不惜一切代价逃离。

《盗梦空间》（2010）

梦境就如同元宇宙般的虚拟世界。主人公身为“造梦师”游走在现实与梦境之间，利用别人的梦境改造意识，达到现实目的。

《夏日大作战》（2009）

一个名为“OZ”的网络虚拟平台风靡全球，16 亿人为之神魂颠倒。高二学生小矶健二被错误指控入侵“OZ”，并造成虚拟与现实世界严重混乱。小矶健二必须尽力修复被破坏的虚拟世界，阻止人工智能系统继续对现实生活造成更加严重的破坏。

进阶手册

看到这里，你对科幻小说已经有了一定了解，跃跃欲试就要提笔写作了。那么这个手册将引导你完成写作，最终得到一篇完整精彩的科幻小说。

创作要诀一：不写伪科幻

科幻大师阿瑟·克拉克说过：“任何非常先进的技术，初看都与魔法无异。”

高度发达的科学技术，别说是在古人眼里，就是对第一次见到它的现代人来说，也无异于神迹。科幻小说需要展现的，是还不存在的、幻想出来的更为奇特的“神迹”。

幻想文学，除了科幻小说，还包括奇幻小说等其他类型，它们的共同特点都是以想象力支撑起来的幻想世界，并且以小说的形态赋予世界真实感。

所以，奇幻与科幻之间界限并不清晰。但它们最大的区别决定了两者的不同：**科幻小说的基础是科学。**

以《哈利·波特》为例，如何将一个奇幻故事改编为科幻故事？

哈利·波特骑着扫帚飞行，这是魔法，如果给扫帚装上发动机，改装为自动驾驶的“扫帚号”单人飞船，这就是科幻了。

当然，只改动一件扫帚，并不能把整个故事变成科幻，我们继续改，把魔法杖改为遥控器，把咒语改为声控密码，把他在魔法学校学习的魔法，改为在大学学习的现代科学知识，把他的敌人伏地魔改为邪恶的疯狂科学家……

要注意，科学小说中的科学不是背景或点缀，而是故事的出发点和推动力，是基石。如果只是加入了几个科学名词的故事，把科学这块基石去掉，故事还能讲得通，只能说明这个故事并不是真正的科幻。比如一个发生在宇宙飞船上的故事，如果把宇宙飞船换成普通的远洋轮船，对故事情节没有影响，那这就是个“伪科幻”。

魔法装备之科学化

魔法杖：在杖中内置加速度感应装置，红外遥控器，就可以遥控那些可以红外遥控的电器，包括电视和空调。

魔杖

法国飞行平台

装备了喷气发动机和涡轮发动机的**飞行平台**，最高时速达到 130 千米。稳定性和速度比魔法飞天扫帚如何？

隐形斗篷：由聚合物和硅制造的超弯曲材料“薄膜”，能够在可见光 620 纳米波长范围弯曲和改变可见光的路径，达到物体隐身的效果。现在，只差将这些薄膜堆积在一起制造出隐形斗篷了。

隐身

浮光掠影经历了前文的五个科幻宇宙后，你要为你的作品确定一个科幻宇宙，以这个宇宙的法则为基础，构建你的故事。

创作要诀二：做好科幻宇宙的设定

1 构建原则

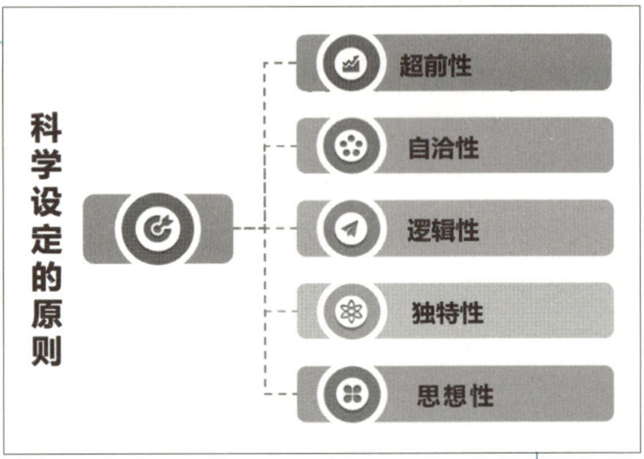

超前性：该设定比“当下”的科技水平（设定涉及的科学技术领域）至少高一点。

自洽性：因为是幻想，并不要求符合“当下”的科技水平（设定涉及的科学技术领域），而是故事发展符合设定的科技水平，能够自圆其说。

逻辑性：故事发展要合乎规律——科学发展的规律，角色性格发展的规律，甚至自然的规律……

独特性：设定尽量不要重复以往有过的设定，这看上去很难，但只要加入创作者个人的经历和情感表达，就有了独特性。因为，即便是双胞胎也会有所差异，世界上没有一模一样的人，那怎么会有一模一样的设定呢？“撞梗”的原因，就是没有表现出自己的那份与众不同。

思想性：科幻文学也是一种反思文学，反思科学技术给人类带来的危害和弊端，思考人类的何去何从。但仅仅反思还是不够的，还需要发掘科学中的美，理会科学中的好的积极的用途。

2 构建内容

你的科幻宇宙要构建全面，下表中的构建内容只是你的宇宙中的一部分。当然，构建内容不必写入小说，它只是你的小说故事发生的背景，使你的故事更加丰富与真实。

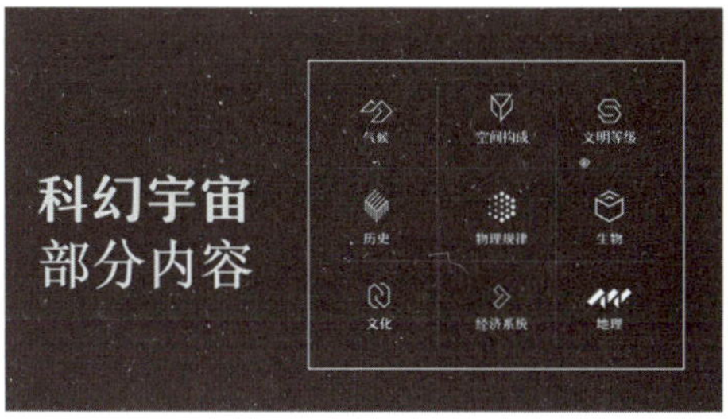

气候：

气候如何？全球变暖导致海平面上升、核战争导致的核冬天、全球被冰川覆盖的冰河时代等等。

空间构成：

不同空间，如常见的陆地、海面、海底、天空、太空。特殊的空间如洞穴、地心、木星气旋、水星的水银湖、土卫六的甲烷海洋、中子星表面、黑洞附近等。

文明等级：

依据整个文明利用能源的能力，基础的文明等级有

I 型：可以利用整个行星的能源；

II 型：可以利用整个恒星的能源；

III 型：可以利用整个星系的能源。

历史：

将科幻与历史结合，用科幻元素和情节讲述发生在过去的故事。或设定与真实历史中不同的人物或事件，使历史沿不同轨迹发展。

具体说明

物理规律：

这是设定的核心。物理规律稍微和我们的世界不同，如光速、万有引力常数、原子核构成等，那这个宇宙的外在表现就会是另一个样子。

其他所有因素都要符合设定的物理规律。

生物：

设定虚构的生物，表现它们的特点和行为。如外星生物、人造生物、变异生物等。

文化：

设定不同文化的世界。如外星文化与地球文化的交流、冲突和融合等。

经济系统：

设定不同于现实世界的经济运行方式。如虚拟经济、共享经济、元宇宙经济，及其中的商业竞争、经济危机等。

地理：

地理环境是怎样的，由故事中的人物来探索和认识新世界。

创作要诀三：寻找冲突构建故事情节

在前面正文中，我列出了许多构建情节的思维导图。构建情节的关键是寻找冲突。

一般小说的冲突：人的愿望不能满足。

因此产生了情节。情节的基本流程如下图。

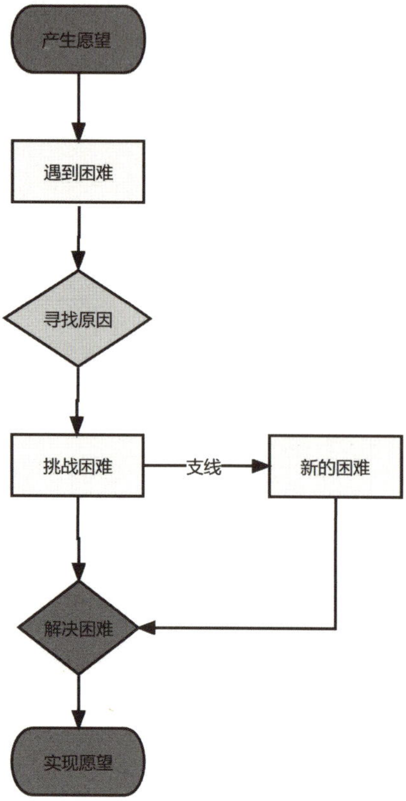

在这张流程图上，“困难”阻碍“愿望”达成，“困难”与“愿望”就构成了冲突。

支线困难是为了加深故事的复杂程度，并不是非要不可。

举例：

愿望　　买到一双品牌球鞋

困难　　资金不够

列出流程图

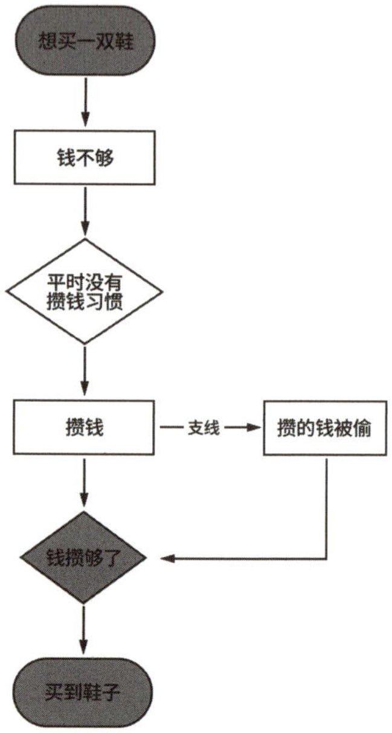

这是一个非常简单的例子。

科幻小说的冲突是什么呢？是科技发展、环境变化和人之间产生的冲突。

关键点：改变

以第一部科幻小说《弗兰肯斯坦》为例。

故事脉络为：

科技发展促使科学家造出怪物，科学家无法满足怪物需求，怪物怨责科学家，最终科学家与怪物都没有好结局。

《星船伞兵》【美】海因莱因

关键点：成长

冲突点：

未来，年轻人乔尼自愿参加人类政府对抗外星虫族的战斗，在经过了新兵训练、空降实战、军官培训的层层锻炼后，终于成为职业军官。小说的冲突点不断，推动乔尼的成长，最终成熟，担起职责。

《火星救援》【美】安迪·威尔

关键点：生存

冲突点：

被遗弃在火星上的宇航员，怎样一个人活到救援时刻。如何利用现有物资生存是关键。小说中，火星不同于地球之处造成的困难描述准确，宇航员怎样一步步去解决这些困难，则有科学理论有实践方法。细节的生动描写，增加了故事的真实性，甚至有人称这本小说为“未来纪实小说”。

创作要诀四：文章写完后……

要修改

1. 3 000 字以内的故事，要尽可能少场景、少人物，突出观点。
2. 好作品是修改出来的。
3. 不能体现主要矛盾的细节，放弃。
   知识的硬块，放弃。
   人物的外形描写等，与主题无关的，放弃。
4. 不啰嗦。不用长句。不写错别字。
5. 勤分段。用对标点符号。

可以发表作品的杂志：

《科学故事会》月刊

《我是大作家》栏目刊登中小学生创作的科幻小说，一般字数不要超过 3 000 字。

投稿邮箱：kexuegushihui@163.com

《少年月刊》

该杂志创刊于 1977 年，是由共青团陕西省委主管、主办的陕西省少先队队刊。作为综合性少儿类期刊，《少年月刊》由小学高年级（上旬刊）、小学低年级（中旬刊）和初中（下旬刊）组成，内容涵盖青少年生活、学习、情感、教育等主题，集知识性、文学性、趣味性为一体，帮助学生启迪思想，守护未来，陪伴学生成长。

邮箱：
小学低年级：
snykb1976@sina.com
小学高年级：
snyka1976@sina.com
初中：
snyk1976@sina.com

《科幻世界·少儿版》月刊

它的选稿细则非常有指导性：

1. 小说要有明确的科幻设定，如：穿梭时空、平行空间、外星人、机器人、生物改造、机甲、黑科技产品等。科幻设定着眼点最好与生活相关，想象新颖而又合乎情理。

2. 故事的主角是 7 ~ 13 岁的少男少女，这样利于读者产生代入感。

3. 小说创作的核心是讲个好故事。我们非常看重小说的故事性。文章要有精彩的开头，有悬念、反转，让人回味的结尾。情节要紧凑，与故事主线无关的闲笔要少。文字表述尽可能准确、流畅、精练。

4. 科幻梗与情节要结合好，切忌生硬地、大篇幅地阐述科幻背景或科幻设定中的技术逻辑，忽略故事性。即便读者对象是少年儿童，故事情节也不应有漏洞和不合情理之处。

5. 小说节奏明快，有正能量。故事要有打动人心的情节、人物，要有前瞻性和独到的思考，能引人遐想与回味。故事基调切忌过于悲观、晦涩。

6. 故事应坚持正确的价值观，传播正能量。禁止出现血腥、暴力、色情、迷信等内容，不得出现违反法律法规和相关政策的内容，不要宣扬早恋、吸烟喝酒、说脏话等不应提倡的行为，请勿涉及政治、宗教等敏感和不适合少年儿童的元素。

投稿邮箱：child@sfw.com.cn

《知识就是力量》

学生作品字数不要超过 2 000 字，可以根据作品的具体情况调整。

投稿邮箱：zl@cast.org.cn

创作要诀五：好文要多读

好的科幻小说很多，下面这篇讲星际大战，却几乎没有提到战争，很有意思。对于科幻小说如何创新，可以从这篇小说中得到一定启发。

男子汉们，战斗吧！

文／凌晨

黄昏时候，一辆摩托车咆哮着冲进海滨度假村，惊起路边纳凉的男女老少。众人纷纷躲闪，给摩托车让路。穿红色夹克的年轻人半伏在车座上，头盔压住了眼睛。他喊叫着，但摩托车的噪音压盖了一切，只有断断续续的几个字传进人们的耳朵。

“外星人……他们来了……”众人分辨出了那些字，彼此面面相觑，议论纷纷：“听说他们已经毁掉了十个城市，还俘获了200万人做奴隶！”“瞎扯，他们要那么多奴隶干什么？他们的飞船装不下那么多人。”“你以为运到外星球上去吗？错了，就在本星球上，他们要制作巨大的地画。”

…… ……

议论声中，摩托车已经在村子最偏僻的房屋前停下。车手滚到地上，扶住胸膛，勉强爬抵门前，按动门铃。

“幻影2000，我就知道是你。”门铃响了好几分钟，才有人在屋里懒懒答应。又过了片刻，门缓缓打开，出现一位矮壮的中年男人。

“老师！”幻影2000使劲撑起身子，用最后的气力说：“他们终于来了！特攻队已经失败！现在，只有老师您可以拯救世界了！”

“是吗？你们终于相信我的战斗方案了？”被称为老师的人毫不遮掩脸上的得意，“为什么总要在最后关头才明白呢！”

“是老师您一直躲着不让我们找到啊。”幻影2000喘了口气：“总之，这个星球，就拜托您了。”说罢他便颓然倒地，停止了呼吸。

“爸爸，出什么事情了？”听到声音，一个十岁大的小男孩从花园里跑过来。小男孩长得虎头虎脑，手上拿着一个硕大的高达MK－Ⅱ机器人模型。男孩的身上和模型上，沾满褐黄斑驳的泥土！

“SAS，你又去训练你的模型了吗？”做父亲的沉下脸来：“我说过那些模型没有用！”

“可是我为他们订购了纳米发

动机耶——”被叫作SAS的小孩辩护道，“我希望他们能够。”

“他们什么都不能够。回到你的房间里去，快去快去快去！”那父亲打断了孩子的话，恼怒，“在我去对付外星人的时候，你给我老老实实在这儿待着！”

“我希望他们能够帮上你的忙，爸！”

“那些小人和机器怪兽留给你玩吧。”父亲轻蔑地说，“我必须去城市里了。”

于是SAS就被锁在了地下室中——深入地下10米处的套房有足够SAS一年的粮食和饮水储备，还有一套空气净化装置和一个紧急逃生口。SAS已经不止一次被父亲锁在这里了，实际上，他就是在外星人和地球人时打时停的这十年中长大的。

“爸爸为什么不肯相信我！”SAS抱住头，沮丧地对扎古F2说。扎古F2，这个浅绿色的高达模型一声不吭。只有蜘蛛趴在SAS脚下哼哼——这只南美蜘蛛硕大如盆，是SAS多年的伙伴。“你说说看，蜘蛛，难道是我的设计有什么问题吗？”SAS抚摸着蜘蛛的脊背，颇感委屈：“我虽然只有10岁，可是已经自学了所有纳米工程学的课程。”

蜘蛛爬起来，在屋子里转了一圈，示意SAS看四壁齐墙高的陈列架。“那些机器人模型没有用，爸爸说的。”SAS撇嘴，目光却忍不住浏览下去，架子上的每一样东西他都如数家珍：以恐龙或者虎豹生物为外形的ZOIDS的1/36战斗机械，全套121件，从早期的发条结构到后期的电动机操纵一应俱全，ZOIDS是距离地球6万光年的行星Zi上的金属生命被地球人改造的战斗机械兽；FSS五星物语的5个系列69件模型，黄金的巨大机械生命体MH从1/72比例一直到1/1的真人身高，造型气派华丽；还有那已经排号到678号的机动战士高达的模型……

蜘蛛跳到SAS背后的工作台上去，用4只脚护住头，做了个鬼脸。SAS明白它的意思：“是啊，都是动画片里的人物，是商人为了赚你们这些小孩子的钱！”他学老爸的腔调，“和外星人的战斗哪能有这么简单……”

蜘蛛咴咴叫，笑倒，从台子边缘滚到地上。

SAS看着它，忽然下定了决心，他挥动手臂做了个指挥的手势：“不管爸爸怎么说，我要把这件事情做完，我要，”他环顾那些披盔戴甲、举枪带炮的机器模型，“我要给你们战斗的力量。是男子汉，就不能坐以待毙！”

安装微型发动机，袖珍温差型电池（这种电池可以从环境温度的改变中获取热能促进内部材料产生电），高性能逻辑芯片；重新设置机械关节、武器系统和通讯装备……

SAS沉浸在模型改造的工作中，完全忘记了时间概念。地下室与世隔绝，不但没有白天黑夜之分，甚至连一只老鼠也没有闯进来过。等到SAS的全部模型都改造完毕，可以“真人战斗”的时候，SAS才发现日子已经过去了3年之久。

“奇怪，我记得粮食只够吃一年的，还有，爸爸说他很快就会回来……”SAS瞧着骨瘦如柴的蜘蛛，有点困惑。蜘蛛摇头，呜咽。SAS急忙摇头：“不会的，爸爸他不会有事的！”

他们的头上忽然出现一束强烈的光，继而，整个天花板都被掀开了，却没有一点泥土或者水泥碎块掉下来。SAS急忙伸出一只胳膊护住眼睛，蜘蛛则惊恐地躲到他背后。一些奇怪的尖厉的声音从上面倾泻下来。终于来了，SAS想，终于来了，我的战斗！

SAS稍微转动身体，一道射线立刻击倒了他。

战争的硝烟终于从这个星球消散了，外来种族占据了全部的陆地、海洋和天空。为此，该星球的179类原生种族被消灭或者迁移。至于原生种族遗留在星球上的物品，为了安全起见，外来种族严禁私自收藏任何原生种族物品，因而除了少数物品进入外来种族的征服博物馆，其余的都被全部汽化了。

征服者博物馆带着丰富的战利品开始在外来者的星系做巡回展览。这些展品中最令参观者惊诧的是一个摆满模型的地下室。那些栩栩如生并且还可以活动的模型尤其让小观众爱不释手。

“我们研究了这些模型的机理，它们只是一种玩具。”博物馆的工作人员解释，“很有趣不是吗？”

不久，这些模型的复制品就开始在外来者星系中流行了。说是复制品，其实完全是模型的克隆体，甚至连被SAS不慎摔坏的部分都一丝不苟的保存下来。1／36和1／24比例的模型最受欢迎。头脑灵活的商人还改进了逻辑芯片，使模型可以发声。但是逻辑芯片的底层没有丝毫触及。“毫无必要！”这些商人说，“那些芯片都是没有技术含量的破烂玩意儿。”

模型迅速在星系中散布，甚至连远航运输飞船的驾驶舱里也出现了1／72的EVA人物模型。

“就为了这个，还引发了一场关于原生种族文化保护的大论战！”飞船船长对大副说，“谢谢你送我这么漂亮的东西。”

大副点头：“这个手办很不好找，是限量发行的。啊，那是你收留的吗？”他指指角落里蜷缩一团的动物。

“是拍卖品。我想带回家送给孩子玩。”

蜘蛛听到孩子这两个字，竖起耳朵。外来种族的语言总是令它不快，除了孩子这两个字。

船长和大副出去用餐，现在蜘蛛和那模型单独待在一起。

我不知道行不行，可是这么多年我一直想试试，这也是死去的 SAS 的愿望。蜘蛛走到模型前，伸出前肢。

在每一个地下室模型的身上，都有些似乎根本无用的设计，但是全部被准确地复制了。

蜘蛛打开模型的胸腔，拉断一些电线，又将另一些电线接上。做这些事情对拥有灵巧的 8 只手的它来说轻而易举。

这样行了吗？蜘蛛迅速退回角落，注视着那个模型。模型保持着刚才的姿态一动不动。

然而，在模型的身体里，一个信号从逻辑芯片的底层慢慢产生。那模型生硬地走到通讯台那里，伸出纤细优美的手。

1 光秒外，运输飞船的目的地接收到来自飞船的通信波，波里夹杂着一句奇怪的话：“男子汉们，战斗吧！”

这句用某种已消失语言说出的话，迅速通过目的地的通信系统传播了出去。它的含义和目的，征服者们始终就没有搞明白。

“这个世界，我们不可能再有敌人了。”征服者的首脑断言。

而在他的家中，一只机械兽正在咆哮，并用黄铜的牙，咬开燃气输送管道……

男子汉们，战斗吧！

九泉下的 SAS 可以为自己的工作骄傲了。

因为他看不到的世界正陷入了模型军队的进攻中。

（完）

注解

SAS——“英国特种空降部队”的简称。该部队以众多辉煌战绩闻名于世，其结构也是现代特种部队体系的起源。

ZOIDS，FSS 五星物语，机动战士高达，EVA——均为当下流行的动画片名称，其故事人物的仿真模型一直深受模型爱好者欢迎。当然故事中模型的数量与真实有所差别。

好了，这本书你终于读完了。现在，你可以动笔来完成一篇作品，检验你的学习效果了。来，听我出题。

下面共有 9 种素材，没有颜色和名字，请任选其中至少 3 种，写一个科幻故事，要求字数在 1 500~5 000 之间，设想大胆新颖。这些素材还没有颜色，可以上色。然后，将你的科幻故事和上色素材的照片一起，发到信箱 kehuanlianxi2023@126.com。你将得到导师团的专业点评指导，以及向出版机构推荐的机会！

1

2

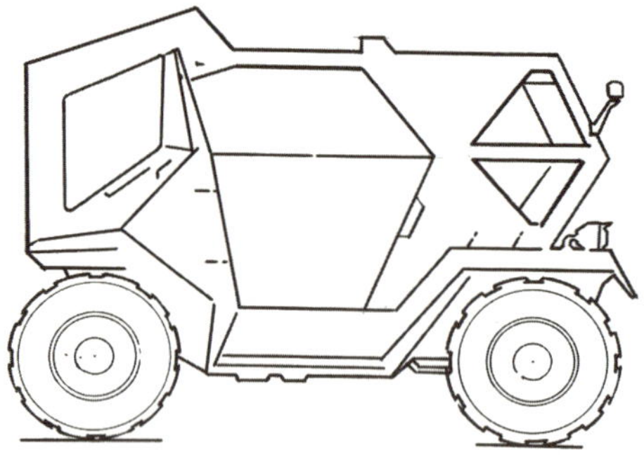

3

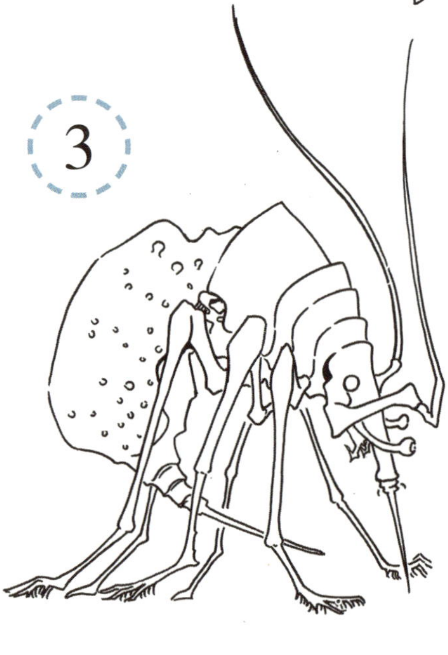

4

5

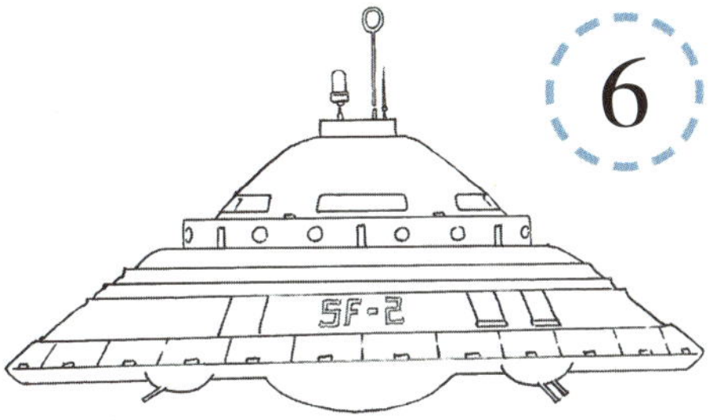

6

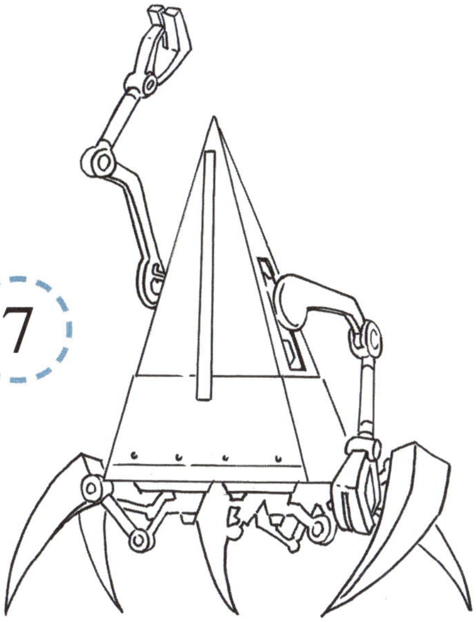

7

8

9